売る人も、買う人も
もう悩まない！

お客様を幸せにする「靴売り場」

上級シューフィッター 久保田美智子 著

はじめに

あなたは、靴を履きますか？

何を当たり前のことを…とお思いでしょう。それほど、人間にとって靴は当たり前の存在であり、なくてはならないものです。

日本人は昔から、下駄や草履を履いて生活してきました。西洋の文化が流入し、衣服は和服から洋服へ。履き物も、下駄や草履から靴へ。その靴も、男性ならスポーツシューズ、ビジネスシューズ、女性ならパンプス、ミュール、ハイヒール、ローファー…実にさまざまです。

日本人にとって、本格的な靴の歴史は戦争後から始まったといっていいでしょう。そう考えると、その期間はまだ100年にも満たない短さです。その間、日本人の足をとりまく環境はずいぶんと変化しました。

人はいったい、一生のうちに何足の靴を消費するのでしょう。物心ついたときから、人は靴を履きます。成長して、大人になって、働き始めて…。人によっては、靴が人生に直結しているかもしれません。プロのスポーツ選手は、より優れた結果を出すために、身体に合う靴を厳選するものですよね。

一般の人でも、それは同じ。何を大げさなとおっしゃいますか?確かに、一足の靴に人生を左右するほどの影響力はないかもしれません。しかし、靴を履かない日はありません。その靴が、あなたの健康に良い影響を与えてくれるものか、悪影響を及ぼすものか。体に合わないものを、毎日、それも長年履き続けたら…やがては大きな障害をもたらすであろうことは、おわかりですよね。靴擦れのような短期間のトラブルはもちろん、巻き爪、外反母趾のような、慢性的な足のトラブル、ひいてはO脚、X脚などの脚部のトラブルにまで、靴の合う合わないが影響しているのです。

私の仕事はシューフィッターです。長年、百貨店の靴売り場に立って、多くのお客様の足を見て、計測して、お話を伺って、ベストな一足を選ぶお手伝いをしてきました。40年以上に及ぶ職業人生で、学んだことや経験したこともたくさんあります。それを今、若い方々、これから世の中を歩んで行く方々にぜひお伝えしたい。そんな思いで、本にまとめることにしました。

先人の思い出話だろう、と思われるかもしれません。時代は変わり続けています。

けれど、冷静に考えると、変わらないことのほうが多いことに気づかされます。靴が不要な人はいないし、靴に悩まされている人も相変わらず大勢います。一人でも多くの人が、自分に合った靴に出会い、元気に歩き続けられるように。その思いは、昔も今も変わりません。

この本には、靴というものをどう考えるべきか。どう選ぶべきか。私がどんな風に売り場を作ってきたかが書かれています。後輩に語り掛けるつもりではじめたことなので、業界の専門書のように見えるかもしれません。しかし、少し視点をずらしてみれば、消費者の方にとっても参考にしていただけることばかりだと思います。

どんな風に売るべきか→どんな風に買うべきか
どんな売り場づくりをすればよいか→どんな売り場を選べばよいか
どんな販売員になればよいか→良い販売員を見分けるにはどうしたらいいか

そんな風に読み替えてもらえれば、きっとあなたの靴選びも変わることでしょう。

今日も明日も、元気に歩けるように。とっておきの一足に出会うためのヒントを、探してみてください。

著者

目　次

第4章　これからの「靴」の売り方・買い方

第１章

今どき、あえて「お店で買うメリット」は？

「お店で買う人が減っている」。

これは靴に限らず、あらゆるものに言える昨今の「現実」です。本、日用雑貨、衣類…果ては棺桶まで、ネット通販で手に入るといいます。ひどい話になると、店頭で現物を見て検討して品番を確かめ、ネットで注文…なんていう人もいるのだとか。おまけにネットで買えば、自宅に届く、店頭販売より安い（場合がある）…これではネットに勝てるはずはありません。

ほんとに、それでいいの？

私が一番言いたいのは、そこなのです。

「これこれ、こうだからお店で買ったほうがいい（賢い・お得）んですよ」。

その答えを探したい。

第一章は「靴は人から買いましょう」というお話です。

ロボット接客やネット通販で「買えない」もの

最近、ヒト型はもちろん、恐竜のロボットがフロントで出迎えてくれるホテルが登場して話題になりました。日本人はもちろん、海外からの観光客にも大人気なようです。そのホテルでは荷物を運んでくれるポーターもロボットだとか。ビジネスの視点から言えば、経費の大部分を占める「人件費」が抑えられるのですから「目新しい」という以上に大きなメリットもあるでしょう。

ＡＩの発達で、臨機応変にしゃべるロボットも出てきました。街角で呼び込みをしている姿を普通に見るほど、都市部では浸透してきているようです。

少子高齢社会が深刻化する昨今。人手の足りない業界はたくさんあるでしょう。高い知能を誇るＡＩ、繊細な作業までこなせるロボットは、救いの手になるかもしれません。

その一方で「人がしてきた仕事」が「ＡＩやロボット」に取って代わられることでもあります。

銀行の窓口、減ったと思いませんか？　人が対応する窓口が減り、入出金はＡＴＭが当たり前。店頭で待たなくていいし、場所によっては24時間利用できます。そして、やりとりするものはＡＴＭだろうとヒトだろうと、「お金」に変わりありません。

しかし、靴は違います。

「靴は靴でしょ?」と思われるかもしれません。それはYesですが、同時にNoでもあります。

店頭で接客していると

「ほしい靴は決まってるの。サイズを出してちょうだい」

「試し履きして、履けるなら買うから。それ以上の接客は結構です」

というお客様がいらっしゃいます。販売員から声をかけられるのが苦手という人もいますし、雑誌で見た靴がほしいだけだからあとは放っておいて、という人も。それなら、自動販売機で買ったってよさそうですよね。ですが、それで本当にいい買い物ができるかといえば、はなはだ疑問です。というのも、靴というものは、実に難しい商品なのです。

朝・昼・夜で1㎝近く足のサイズが変わる人もいます。左右の足の大きさが違う人もいます(実はほとんどの人がそうです)。そして、足に合わない靴を履くと「体を壊します」。

大げさに言ってるのではありません。

ハンマー・トウ、外反母趾、巻き爪…聞いたことがあるでしょう。靴擦れがひどくて、もう一歩も歩けない！なんていう経験をした方もいらっしゃるのでは？　足に合わないハイヒールを履き続ければ、腰痛や頭痛に発展することもあります。

若いころは「今日は疲れたなあ」で済むかもしれません。その蓄積が、やがてO脚や外反母趾などの深刻なトラブルにつながります。


そこで私たち販売スタッフの、ひいてはシューフィッターの出番です。

ロボットやネット通販にできないこと。それは、一人ひとり違うお客様に共感し、対応すること。相手の事情をくみ取って、知識や経験を駆使して最適なアドバイスをすることです。

「そんなこと、膨大なデータベースがあればできるんじゃないの？」。

いえいえ。

靴選びは「例外の宝庫」です。人の体は一定ではありません。体調、年齢、時間、あらゆる要素の影響を受けて変化するのです。

自分の大切な体を預けようと思ったら、かかりつけのお医者さんが必要だと思いませんか？

自分の体質、生活環境、癖、好み、家庭環境、既往症…そういう事情を全部知ってくれている人こそが、信頼できる「主治医」ですよね？

「太り気味だからダイエットしなさい」とだけ言われて終わるのと、

「あなたは仕事柄、夕食が遅いみたいだから、夜10時以降になるなら、こういうものを食べなさい」

「あなたにはこういうアレルギーがあるから、この食品は避けて、同じ栄養を摂るならこれにしなさい」

これが「その人に合わせたアドバイス」というものでしょう。

理想を言えば、靴だってそうやって買っていただきたい。あなたの足を理解できる人に勧めてもらって買うのが一番なのです。

もうひとつ、靴を通販で買うべきではない理由があります。それは「靴には代替えがない」ということです。

最近「若者の〇〇離れ」とか「消費者の〇〇離れ」という言葉が聞かれます。〇〇に入るのは、車だったり、本だったり、旅行だったり、映画だったり…。

そしてその○○から離れた彼らはどうしているのでしょう。実は、大抵のものには「代替え」があるのです。

高価で維持費もかかる車なんて買わなくても、タクシーもレンタカーもある。本は電子書籍や漫画、インターネットやSNSに取って代わられました。映画館に行く人は減っても、YouTubeを見ている人はたくさんいます。究極、旅行でさえ、旅番組を見たり誰かのブログを見て、行った気になる…。

ところが靴だけは、そうはいきません。裸足で外は歩けません。誰だって、足を保護するものなしには家から出られません。しかも、何を履いてもかまわないというものでもありません。選び間違えば、体に悪影響があります。Aさんにベストな靴は、Bさんにもベスト、ではありません。

唯一無二の「あなた」に合う靴を分析して判断できるのは、ヒトしかいません。ロボット接客やインターネット通販は販売員の「代替え」ではありますが、決して優秀な代替えにはなり得ないのです。靴に関して、本当に満足度の高い「いい買い物をした」という経験は、ヒトからしか得られないのです。

もちろん、それには大前提があります。それは「いい販売員から買う」ことです。

もし、これを読んでくださっているあなたが「販売員」ならば、あなたのお店をより繁盛店にするために、あなたが「いい販売員」になることが大切です。

もし、あなたが「靴を買いたい人」ならば、「賢い買い物をする」「自分に合った靴を手に入れる」ために、「いい販売員」を見抜くことが大切、というわけです。そのために、この本を役立ててもらえれば、と思います。

シューフィッターって何？

ワインにはソムリエがいます。最近では「野菜ソムリエ」「きのこマイスター」「日本茶インストラクター」など、あらゆるジャンルに「その道の専門家」の肩書きができています。

ではシューフィッターとは。ずばり、足と靴の専門家です。

足に合わない靴は人の健康をもおびやかします。10年後、20年後、30年後にも元気に歩いていられるようになりたい。そのためには、一日も若いうちに、自分の足に合った靴を履くことが大切です。

シューフィッターとは

「お客様の健康の一翼を担うという自覚を持った」「足に関する基礎知識と靴合わせの技術を習得した」「足の疾病予防の観点から、正しく合った靴を販売する」「シューフィッティングの専門家」なのです。

シューフィッターの仕事をもう少し具体的に説明すると、

1. 一人ひとり、サイズ・形など特徴の異なる足に合った靴を見立てる。そのためにお客様の足を正確に計測し、問題点を把握します。
2. フィッティングしようとする靴についても、その素材や製法などに通じ、特徴を正しく理解します。
3. 合わせようとする靴がお客様の足と若干ズレる部分がある場合、フィット感を高めるために靴の内部を微調整します。
4. 履き始めて一定期間が過ぎた時点で、必要があればアフターケアをします。
5. お客様の足が既成靴の対応では困難と判断される場合、オーダー靴をご案内したり、トラブルがある場合は医師と連携するなどして治療靴業者にゆだねます。

6．店頭で得た情報を靴メーカーにフィードバックし、靴の改良に向けた助言をします。
7．お客様の啓発のために、店頭で、あるいは講演やセミナーで正しい情報を発信します。

シューフィッターが足と靴の専門家であることが、おわかりいただけると思います。そんなシューフィッターを養成・認定しているのが『一般社団法人 足と靴と健康協議会』（ＦＨＡ）です。

ＦＨＡは「日本の婦人靴をよくしよう」と、先の東京五輪の翌年、１９６５年に有志により発足しました。現在はプライマリー（初級）、バチェラー（上級）、マスター（最上級）の各シューフィッターの養成・認定だけでなく、シニア靴、幼児子ども靴など年齢や属性に応じた専門シューフィッターを多数輩出しています。

前節でお話した「いい販売員」から靴を買いましょう、というのは、こうした足と靴のプロフェッショナルのことを指しているのです。

人間にしかできない「接客」って何だろう

用事を済ますだけなら、かなりの部分がロボットやオートメーション、あるいはインターネットで代替えできる世の中になりました。それでも靴だけは人から買うべきだ、ということも、前節でお話しました。

では、人にしかできない接客って、何でしょうか。

私は究極、「共感」だと思います。

ロボットから「今日はいいお天気ですね」と声をかけられたとします。あら、今のロボットってすごいのね。お天気の良しあしも判断するのね、と感心するかもしれませんが、共感はしにくいと思います。なぜなら「あなたには感覚はないでしょ？」と思うからです。暑さ寒さも感じることがない。陽だまりの気持ちよさもわからないでしょう。彼らにあるのは、気温何度以上なら「暑い」、何度以下なら「寒い」。雨なら「あいにく」、晴れなら「よいお天気」というプログラムだけです。感覚のないものには「実感」がありませんから、人を共感させるのは難しいのです。

それができるのが人間です。

「この靴、気に入っているのだけど、足が痛くなるのよ」と言われたら。

合わない靴の痛みも、人間ならわかります。どこが・どう当たると、どう痛いのか。シューフィッターなら知識もありますし、女性なら女性靴の悩みが、男性なら男性靴の悩みが、実体験を伴って理解できるでしょう。

もちろん、悩んでいる人に「お気の毒さま」と共感するだけでは、気休めにはなっても、何の役にも立ちません。共感したのち、

・その人は何を求めているのか
・問題の正体は何か
・解決するには何が必要か
・解決策は、店内にあるか

を、一つひとつひも解いて、最終的な提案につなげていかなければなりません。

それには時間がかかります。「痛いのよ、何とかして！」とお客様の足は悲鳴を上げています。そうですか、痛いですよねえ、じゃあ何の役にも立ちません。

かといって「痛いなら痛み止めを」というような即物的な対応だけでは、シューフ

イッターの意味はありません。

どう痛いのか。

最初から痛いのか。

どうすると痛いのか。

一日中痛いのか。

その靴とお客様の足のどこが合わないのか。

お客様の足を詳しく計測し、観察し、問題を明確にする。その上で「痛くない」靴をご提案する。それがシューフィッターの役割です。

では、よいシューフィッターとはどんな人のことを言うのでしょう。

名医とヤブ医者の違いは何だと思いますか？　それは知識と経験の量でしょう。そもそも知識が足りなくては話になりません。しかし、本で読んだだけの知識と、実際に人の体に触れ、病気に向き合った経験に根差した知識とでは、どちらが強いでしょうか。言うまでもないことですよね。人の体という、十人十色で千変万化なものを相手にするのです。ある意味、シューフィッターもお医者さんと同じ。「どれだけ豊富なケーススタディに接してきたか」がものをいいます。それには、どれだけたくさんの足を見てきたか、靴を見てきたか、にかかっています。

昨今話題のＡＩ（人工知能）のすごいところは、自ら学習することだそうです。人が経験を重ねてそれを武器にしていくのと同じプロセスで、多彩な例外に対応できるようになり、初期にプログラムされた以上の結果が出せるようになるといいます。それでも、シューフィッターがＡＩには務まらないだろうなと思えるのは、コンピュータが持ちえない「感情」があるからです。お客様の感情。接客スタッフの感情。お互いが感情の持ち主ですよね。当然、お客様の感情が最優先ですが、その喜怒哀楽を推し量り、寄り添い、より良き結果を導く。まだそこまでできるＡＩは、開発されていないのではないでしょうか。

ネット時代を味方につける！

コンピュータに「共感」はできない、とお伝えしました。しかし「共有」は、特にインターネットの世界が得意とするところでしょう。今や、テレビや新聞が「表」のメディアならば、インターネットは「裏」のメディア。そしてスマートフォンに至っては、電話というよりは「手のひらに収まるコンピュータ」です。今や街ゆく人の大多数が、有能なコンピュータを持ち歩いているのです。

そしてご存知のとおり、インターネットの情報のスピードは、印刷や電波を介在する新聞や放送の比ではありません。それでいてインターネットの、とくにSNS（ソーシャルネットワーキングサービス）の情報には、なんら正確性は担保されていません。あくまで噂、口コミにすぎません。

しかし今も昔も、人は噂には敏感です。噂に左右されやすいという側面も持っています。また、使う道具がどんなに進化しても「いい話」や「感動する話」をほしがるという点にも変わりはありません。

世の中、SNSが大流行ですが、コンピュータが人を感動させているわけではありません。人は感動や共感を求めますが、それはコンピュータにはできないことで、人がコンピュータを使って「感動」や「共感」を猛烈なスピードで拡散・共有しているのです。

電車に乗れば、かなりの数の人が手のひらのスマホを眺めています。ニュースを読んでいる人もいるでしょう。ゲームをしている人もいます。しかし、ＳＮＳで誰かとつながったり、誰かのエピソードを読んでいる人もたくさんいます。ネットで話題になった商品は瞬く間に売り切れるといいます。ネットはそれだけ影響力を持つ、販売促進力にもなりうるということです。もちろん、靴はそういう売れ方をしてはいけない商品ですが、そんな時代だからこそ、ネットの力を上手に利用すべきではなかろうかと思います。

「店頭には商品を確かめに来るだけで、買ってくれない。購入はネットを利用されてしまう」。

小売業の人間にとっては頭の痛い問題です。これはいわば、ネットの特性を利用して「してやられる」パターンでしょう。しかし、ネットの特性を利用して、感動を共有してもらえたら。私たちシューフィッターや販売スタッフが「感動させる力」を持っていたら、どうでしょうか。

私たちシューフィッターは靴のプロです。それと同時に、足のプロです。お客様一人ひとりの足を分析して、問題を解決してさしあげることができたら。それも長年苦しめられてきた痛みや悩みを改善できたら、きっと感動していただけるのでは、と思います。そうやってお店のファンを、いいえ、その販売員（あなたです）のファンを一人ずつ、増やしてゆく。リピーターになっていただく。そして「あなた」と「わたし」の関係が築ければ、私たちのサービスが唯一無二のものであることがご理解いただけるはず。もしその方が、ＳＮＳなどを利用されておられるなら、冗談めかして「感動したら、ぜひ拡散してくださいね」とお願いしてみましょう。

「〇〇には、××さんっていうすごいシューフィッターがいたよ！」

そんなエピソードが駆けめぐれば、こんなにうれしいことはありませんよね。多くの人が苦しみ、そしてあきらめている、それが靴選びの問題です。

販売員はモノを売るだけでなく、自分をも売り込むこと。これはとても大切なことです。お客様がお買い物に満足してくだされば、靴を買っていただくと同時に「あなたに会えてよかった」と言っていただけるかもしれません。謙譲の美徳が日本人らしさでもありますが、こんな時代を生き抜くには、時には強気に。自分の技術に自信をもって「ぜひ拡散してくださいね」の一言を添えてみてはいかがでしょうか。

お客様を観察しなくちゃ、寄り添えない

お客様に寄り添い、共感すること。言葉にすれば簡単ですが、行うのは難しいものです。そもそも、初めて会った人にどうやって寄り添ったらいいのか、戸惑う人もいるでしょう。急いで距離を縮めようと焦って、うわべだけの優しい言葉や態度で近づこうとしても、まず、うまくはいきません。不自然でなれなれしいばかりで、むしろ人は反射的に拒否するでしょう。とはいえ、お客様の滞在時間は非常に短いもの。わずかな時間に、どうやって…?と思うかもしれません。

そこで何より大切なのが「観察力」です。

お客様が入って来られた瞬間に、観察スタート。じろじろ見るのは大変失礼ですから、あくまでもさりげなく。凝視せずに観察するにはテクニックがいりますから、これはトレーニングするしかありません。

私が販売員だったころ、何を見ていたか。

お客様の年齢（最近は難しいですが）、身長、足のサイズ、お洋服の好み（傾向）。

それらをさっと見渡します。

もちろん、見た目だけで判断すると失敗することだってあります。シニアのお客様が入って来たからといって、コンフォートシューズやウォーキングシューズがお望みだろうと決めてかかっていると、実はパーティ用のパンプスが欲しいのかもしれません。ジーンズ姿の若い女性だからカジュアルだろうと思っていると、本当は就職活動用の靴を下見に来たのかも。

では、どうするか。私はまず、その方自身のことを話題にします。オシャレな装いの方だったら「お召し物、とてもお似合いですね。素敵です」と、素直に心から申し上げます。「メガネの色とバッグの色が合っていて、さすがのコーディネートですね」とか。もし、足に合わない靴で辛そうなら「どこか痛いのではありませんか？」。そう、シューフィッターとして最も観察すべきは「歩き方」。トラブルなく歩けているか。辛そうにしていないか。どこかをかばっていたり、あるいは歩き方のクセはないか。それもそのお客様の個性であり、特徴ですから、そこは大切なチェックポイントです。

しかし、お客様にはいろいろな方がいらっしゃいます。もしかしたら「買うつもりはないけれど、時間つぶしに寄ってみた」人もいるかもしれません。足に悩みはあるけれど、シューフィッターがあまりに意気込んで「私がなんとかして差し上げます」「ぜひお買い上げを！」という気持ちが前面に出てしまうと、敏感に感じ取って退散したくなってしまうかもしれません。そんなときも、観察がものをいいます。なんとなく、目的も定まらずに入ってきたお客様には、軽く声をかけて会話が弾みそうかどうか様子を見ます。そして「どうぞごゆっくりご覧ください」の一言で安心させてあげましょう。問題はそこから先です。お客様に「寄り添う」とはどういうことか。

例えばパーティに行く靴を探している、とおっしゃるなら、パーティの情報をひとつでも多く聞き出しましょう。時期は？会場は？時間帯は？パーティの趣旨は？どんなドレスを着るご予定ですか？　頭の中でそのお客様がパーティ会場にたたずんでいるところをイメージしてみましょう。その方がそこに、どんな姿で立っていたら、より素敵に輝けるでしょう。できることなら、その場に一緒に出掛けてコーディネートして差し上げるぐらいのつもりで考えてみることです。

実際、私が接客したお客様でも、こういうケースはありました。私が勤務していた百貨店からも近い、高級ホテルでの結婚式に出席なさるとおっしゃいます。

「あのホテルでしたら絨毯はふかふかで、色は赤ですよね。それでは赤い靴は映えませんね。それから照明は黄色みがかっていますから、ゴールド系では華やかすぎますね」といった具合です。

「旅行に行くのよ」とおっしゃるならば、まずは「それはお楽しみですね！どちらへ行かれるんですか？」。旅先は、国内でしょうか。海外でしょうか。リゾートでしょうか。海か、山か。南か、北か。おうむ返しを繰り返していては会話になりませんし、観察にもなりません。相手の事情を「見た目」「態度」「言葉」からくみ取って、はじめて、親身に寄り添うことができるのです。

そうした寄り添った接客ができれば「お客様も思わぬ発見があった」「私を理解してくれた」と喜んでくださるに違いありません。

相手に寄り添うには、相手を知ることから。そこからが、接客のスタートです。

ひざまずく接客は「過剰」なのか

「ロボットによる接客」や「セルフレジ」が増えている、と言いました。「店員に話しかけられるのが苦手」「出口までのお見送りは過剰だ」という声もあるようです。しかし長年靴を売ってきた私は「ひざまずいて接客する」のは基本だと考えています。

高額商品だからひざまずくわけではありません。また、ホストやホステスのように「無条件にヨイショする」サービスとも違います。お客様の足に直接手で触れて、確かめる必要があるから「ひざまずく」のです。

シューフィッターとして、お客様の足を計測するとき、必然的に手を触れることになります。同じ23・5㎝の足長でも、土踏まずの高さ、関節の位置、指の長さ、踵《かかと》の形状、すべて異なります。さらに、冷えた足、汗をかいた足。タコや魚の目ができて、部分的に硬くなった足など、特徴もさまざまです。そして、その違いに対応した靴を履かないと、トラブルのもとになるということを説明します。少しでも足に合った靴を選ぶためには詳細に知る必要があるのだと、足に触れる理由をきちんとお伝えすることです。そうすれば、単なる「バカ丁寧」ではなく、意味のある行動であることが理解していただけるでしょう。シューフィッターはプライドを持って、ひざまずく。そうして毎日、一人でも多くの方の足に自分の手で触れて確かめることで、自分の中のケーススタディが積み上げられて行くのです。

「お似合いです」しか言わない販売員

何を試着しても「お似合いです」しか言わない販売員、信用できますか？「カワイイ！」「人気なんですよ」「私も持ってます」…あまりにも貧困なボキャブラリー。それではお客様には「ウザい」だけ。マニュアル接客は、すぐに見抜かれます。

私はお客様をほめても、必ず『なぜならば』の理由を一言、添えるようにしていました。また、きちんとした理由があるならば、お勧めできない場合でもきっぱり「○○ですから、お勧めはしません」とお伝えします。いいにつけ、悪いにつけ、「○○だから」という根拠が添えられていれば、お客様は「ちゃんと私を見て、アドバイスしてくれている」と、信頼を寄せてくださいます。

もちろん、そういう応対をするにはそれなりの経験が必要です。キャリアの浅い、若い販売員が半端な接客をしても、誰のためにもなりません。若いスタッフであれば、自分に正直であってほしいと思っています。

自分に正直、とは、はっきりした意識や裏付けのある発言を心がけるということ。

できることとできないことをはっきりさせる。意見を言う必要があると判断したら「私はこう思います」とためらわずに言う。お客様任せで販売員が意見を言わなければ、発展はありませんし、販売員自身も成長しません。ひとつ提案して、それが拒否されたら次を考える。休まずとどまらず考え続けること。考えた結果を口に出すか・出さないかは相手のペースを尊重しながら。その繰り返しがトレーニングになります。コミュニケーションはキャッチボール。さまざまに変化をつけながら、ボールのやり取りを続けていければ、お互いの気持ちを伝え合って信頼関係も結べるはず。気が付けば、やがてマニュアル接客から卒業できているはずです。

ここからはお客様へのアドバイスです。

何を履いても「お似合いです」。手に取った瞬間「それ、いいですよねー」。誰にでも同じことを言ってるんでしょ?と言いたくなる人に、どれを買ったらいいか相談したくありませんよね。

靴は足を守る、大切なものです。オシャレである以前に「お客様の足に合っている」ことのほうが重要です。そして「自分には何が合っているか」を理解している人は、まずいません。オシャレはまず、自分をよく知ることから。鏡を見ただけではわからないことは、優秀な販売員から教わりましょう。優秀な販売員は優れたスタイリストであり、コンサルタントです。

では、どうしたら優秀な販売員かどうか、見分けられるのか。年齢層高めの販売員なら経験豊富だろうとお考えでしょうか。そうとは限らないのが難しいところです。

百貨店の販売員は、制服を着ていたり私服だったりとさまざまですが、所属先もさまざまです。売り場に立つ人間が１００とすると、その百貨店の社員は20もいません。その他の人たちは、仕入れ先のシューズメーカーから派遣されてきているのです。誰だって、自分の会社の商品をひとつでも多く売りたいと思うもの。しかしそれは、売る側の勝手な都合というものです。

一人ひとりのお客様のために、自分たちの都合など乗り越えて正直なコンサルティングができること。年齢に関係なく、十分な知識を備えていること。そして、常にファッションのトレンドやお客様の好みを理解できるセンスがあるか。そういう販売員に出会えたら、それはお買い物の成功です。その靴は「〇〇百貨店」で買ったのではなく、その販売員から買ったのだといえるでしょう。信頼に足る販売員かどうか。どうかお買い物の際、担当してくれる販売員に色々質問してみてください。

本当に良いものを手に入れて、長く愛用すること。それができるなら、ファストファッションを次々と使い捨てにするよりも合理的で割安かもしれません。ファストファッションは否定しませんが（実際便利ですし）、健康に直結するものは、信頼できる店や人からぜひ手に入れていただきたいと思います。そのためには販売員を怖がらないで。話しかけられたら、返事をしてみてください。会話が順調に進み、靴の知識がありそうなら相談してみる価値はあるはずです。ただ売りたいだけのマニュアル接客だったら「見てるだけだから、結構です。ありがとう」と、遠ざけてＯＫです。

「常連客」を作る　「専任担当」になる

常連客やお得意様なんて時代遅れだと思うでしょうか。でも、ありませんか？「お酒はいつも、ここで買う」「野菜はいつもここ」。ネット通販ばかりという人は「ネット通販のお得意様」なのです。

そして常連になるには理由があります。それは、

・品揃えがいいから
・値段の割に品質がいいから
・とにかく安いから
・ポイントやクーポンがたまるから
・行きやすい場所にあるから

などさまざまでしょう。その理由のひとつに

「○○さんがいるから」が加われば、それは販売員にとっても店にとっても、消費者にとっても素晴らしいことです。

「○○さんが勧めてくれるものに、間違いはない」「○○さんじゃなきゃだめなの」。そう言っていただける販売員になりたいものです。それこそが、商品と同時に自分を売る、ということなのだと思います。

超高齢社会に突入しつつある今、シニアのお客様こそ「決まった店で買いたい」「信頼できる店（担当者）がほしい」と思っているものです。

「この人は私のことを、私以上にわかってくれてるのよ」

それは販売員への最大のほめ言葉でしょう。そして、賢いお客様は気が付くはずです。

・品質の低い物を次々使い捨てるよりも、良いものを手入れしながら長く使った方が経済的であるということ。

・どんなに有名なブランドのものでも、どんなに高い靴でも、どんなに流行の先端であっても、足に合わない靴は価値がないということ。

ふたつめに至っては、価値がないどころか、健康に悪影響を及ぼしかねません。

さて、それが理想ではありますが、それではどうしたら、そんな販売員になれるのか。どうしたら、常連客と担当者として信頼関係が築けるのか。

百貨店にしろ、路面店にしろ、郊外型のショッピングモールにしろ、日々たくさんのお客様が行き交います。「一人ひとりなんて、覚えてられない」と思うかもしれません。それはお客様のセリフでもあります。「販売員なんて、一人ひとり覚えてられない」のです。しかし「楽しかったな、また相談したい」「あの人から買ってよかった。また来よう」。そう思ってくださったお客様は、きっとまた、帰って来てくださいます。

毎回が成功とは限りません。

「あなたがいいって言うから買ったのに、足に合わないじゃない。痛いわよ！」なんていうクレームに発展することだってあります。しかし、クレームこそがひとつのチャンス。足は変化するものだということを伝え、もしかしたら靴を少し調整することで解決できるかもしれないこと、どの条件で痛くなるのかを聞きとり、上手な使い方をご案内することで、お客様に新たな情報を与え、信頼を深めてもらうこともできるかもしれません。

実は、私のキャリアを切りひらくきっかけが、このクレームだったのです。

それは昭和58年のこと。私が靴の販売を担当するようになって10年が経っていました。自分なりに勉強しながらの10年でしたが、靴の売り方はこれでいいのだろうかと思い悩んでいたころでもありました。当時はまだ、シューフィッターですら、なかったのです。

そんなある日。売り場にご年輩のお客様が来られました。うちの売り場で購入した靴を履いたところ、靴擦れができて痛くて歩けない、という訴えです。

「痛くて履けないの、取り替えてちょうだい！」

女性は強く訴えます。しかし、靴擦れでは交換には応じられません。釘が出ていたとか、ひもが切れたとか、靴そのものに不良がない限り、受け付けられないのが普通です。

靴擦れは、靴が足になじんでいないことで起こるトラブルです。スタッフが懸命に「もうしばらくお履きになれば、なじみます」と説明していますが、お客様は聞く耳を持ちません。責任者を出しなさい！という声が響き、私は飛んで行きました。

見れば、お客様の足は踵《かかと》が赤く腫れ、ばんそうこうが貼ってあります。うっすらと血もにじんでいました。

「痛そうですね。よろしければ足を見せてくださいませんか」

足の様子と靴を調べました。そして
「靴の踵の部分を叩いて、カーブを少しやわらかくしましょう。足と靴がすれないようになるはずです。そうすれば、たぶん大丈夫だと思います。新しい靴は踵の部分が硬いので、慣れるのに時間がかかるのです」。

大半のお客様はそれで納得されますが、この方は違いました。

「あなた、何年靴を売ってるの？」

10年です、とお答えするとうんざりした顔をされました。

「10年！なんでもわかってる、ベテランだっていう顔をしているけど、たかが10年でしょう。私はね、もう30年以上靴を履いてるんですよ！」

結果、それ以上お話しても納得いただけないと思い、その靴はお引き取りしました。

お客様も、靴そのものが不良品でないことはわかっていらっしゃるのです。販売するときに、もっと詳しくお伝えして選んでいただけていれば、こんなに痛い思いや不愉快な思いをされることはなかったでしょう。

ショックでした。申し訳ない気持ちでいっぱいになりました。

眼鏡を買うときには、詳しく検眼をするはず。服を売るときだってサイズを測る。じゃあ靴は？靴にだって、ほんとうはちゃんとした売り方があるんじゃないの？でもそれは、誰に聞けばいいの？

それは、自分でしかありません。自分が学び、自分を開発するしかない。お客様のおっしゃるとおり、10年やってきたという自負が、プロとしての心構えにスキを作ってしまっていました。

その翌年。私は『第一回シューフィッター養成講座』を受講しました。そして図らずも、日本初の、女性シューフィッターになったのです。

「引き出し」の多い販売員になろう

販売員の教育担当は、お客様だと思っています。客に教育を頼るなんて！と思われますか？これは自分の歩んできた道を振り返って思うことです。多くの先輩方、上司の方々に支えられ、教えられてやってきましたが、誰よりも私を育ててくださったのは、ご縁のあったお客様だと思っています。

「何をお探しですか？」「サイズ、お出ししましょうか？」

おまじないみたいに、一日この言葉を繰り返している人がいます。これではいつまで経っても成長できないし、靴も売れません。じゃあ、何を言えばいいのよ？と思いますか？　売れないと、仕事も面白くなくなっていきます。まさに、負のスパイラルです。

では、そのスパイラルから脱却するにはどうしたらよいでしょう。それには、さきほどのふたつの言葉、「何をお探し…？」と「サイズ出しましょうか？」以外にものが言えるスタッフになることです。もっと言ってしまえば、話題の持てる人、引き出しの多い人になろうということです。

もちろん、まったく靴に無縁な話をしなさいと言っているわけではありません。まず第一歩は、お客様に興味を持つこと。

その方が、靴に何を求めていらっしゃるか。何に困っているか。上手に引き出せるようになりましょう。毎日いろんな人に出会い、言葉を交わすチャンスはあるはずです。お話を聞き、一緒に考え、勉強する。その経験をどんどん、自分の中の引き出しにためていきましょう。

パーティに出席するための靴をお求めの方。就職試験のための靴をお探しの方。もしかしたら、あなたの自身の人生経験も役に立つかもしれません。

あなたがもし若い販売員で、就職活動の記憶が新しいなら、そういうお客様のお役に立てるチャンスです。

「私の就職活動のときは…」と経験談が役立つかもしれません。私は採用する側の人間でしたが、やはりその経験が役立ったことがあります。

来店されたのは、就職活動を控えたお嬢様とお母様。母娘の組み合わせでは、たいていが、お母様の独壇場になります。が、靴を履くのはお嬢様のほう。失礼にならないように気を付けながら、なるべくご本人とお話をします。

聞けば、目指しているのは航空会社の客室乗務員だとか。お母様は「少しでも高いヒールの靴を履かせたい！」とおっしゃいます。

しかし、お嬢様は見るからに踵の高い靴には慣れていないご様子。では、ご本人はどう思っていらっしゃいますか？と水を向けると、

「ヒールの高い靴は履いたことがありません。でも、就職試験ではできるだけ身長を高く見せたいんです」。

私は慎重に、お嬢様の足を計測して靴合わせをしました。お母様は隣で「いいから、とにかくハイヒールを！」と焦っていらっしゃいましたが「慣れない方が6㎝以上のヒールを履くのはとても大変ですよ」と説明します。そして決め手になったのは次の一言でした。

「この売り場には、150人もの販売員がいます。その採用面接には、私、必ず参

加します。私たち面接官の印象に一番残るのは、その人の笑顔です。肝心の面接で笑顔が出なかったら、ダメですよね。履いたことのない８㎝ヒールを履いて、笑顔、出ます？」。

これは効果てきめんでした。ですが、お嬢様の身長は、会社の合格ラインぎりぎりなのだとか。「履けるようにしてやってほしいの…」。

私の言葉に納得しつつも、お母様も必死です。

そこで再び、お嬢様に声をかけました。

「では、このパンプスを履いて一緒に歩いてみましょうか」。

実は、靴について学ぶには歩行を学ばなければと、モデル養成所の先生にご指導いただいたことがありました。その時の経験を活かしながら、ハイヒールで歩くコツ、美しい立ち方などをお話ししました。

お嬢様と一緒に動きながら「もしお時間があるなら、美しい歩き方を習われてはいかがですか？」と勧めてみたのです。明らかに靴売り場のサービスの範疇《はんちゅう》ではありませんが、高いヒールを履いて美しく、笑顔で歩くことの難しさをお伝えしたかったのです。

思うところあってか、８㎝ヒールをご希望だったそのおふたりは、まず６㎝ヒールをお買い上げになりました。

「これで少し体を慣らして、歩き方を勉強なさったら今度は８㎝ヒールを。自信をもって笑顔で面接に臨めるといいですね」

商品を手渡しながら、心からそう言って送り出しました。

後日、おふたりが再びお見えになりました。その時のお嬢様の美しかったこと！ハイヒールを履いて、スムーズに歩けるようになっていました。聞けば「航空会社に受かりました」とのこと。その日はさらにちょっと高めの、７㎝ヒールをお買い上げでした。

自分の引き出しには、どんどん経験値を入れていきましょう。引き出しの「在庫」に、何ひとつ無駄はないのです。

ネットショッピングに打ち勝つには

前項で、店頭でサイズだけ確かめて、ネット通販で買われてしまう…というお話をしました。今も売り場に立つ後輩たちは「本当に悔しいです…」と唇をかんでいます。せっかく丁寧に接客して、アドバイスもして、最適な靴を選ぶところまで時間をかけたのに、「どうもありがとう。あとはネットで買います」。これでは打ちひしがれても仕方がありません。

そのため、ネットやロボットにはできない接客をしよう、と説明しました。そのためにはどうするか、お客様に共感し、専門知識を駆使してお役に立てる販売員になろう、とも。しかし、実際そんな人材になるまでには、時間もかかります。じゃあ、どうすれば？

私が売り場に立っていたころと今とでは、時代が違います。今日も後輩たちは現場で答えを探し続けています。それでは、彼らがどんな努力をしているか、お伝えしてみましょう。

これも繰り返しになりますが、まずは「あなたを買ってもらう」ことです。もし「あとはネットで買います」なんて言われたら、にっこり笑って「ネットで買った靴がもし合わなかったら、持ってきてみてくださいね」と言ってみるのです。

ネットで買ったもののアフターサービスなんて、する義理はどこにもありません。

しかし、お客様はびっくりされるでしょう。その店で売ったものならいざ知らず、よそで買った靴のことまで…と思うのが当然です。また、言うほうだって、こんなことを言うのは悔しいかもしれません。それでも、懐の深いところを見せてみるのです。

それで本当に、ネットで買った靴を持ち込まれたら？　それこそ、シューフィッターとして、靴のプロとして、あなたのしたアドバイスが有効だったかどうかの、答え合わせになるではありませんか。

お勧めした通りの商品なのに、足に合わないとしたら、どこがまずかったのか。本当は他のものをお勧めしたのに、結局気に入ったほうを買ってしまって、合わないのか。それはケースバイケースでしょう。そして、靴を調べてちょっと手直しすれば履き心地が良くなりそうなら、直してあげてもいいのです。

「この店なら、この人からなら、もっといいものが見つけられるかも」と思ってもらえるかもしれません。

「靴に詳しいあの人なら、自分がネットで見ている以外にも、何か面白いものを勧めてくれるかも」と思われれば、さらによし。

「あとはネットで買います」。それをそのまま送り出してしまっては、つながりは途絶え、後に残るのは徒労感ばかりです。細い糸でもいいから、お客様との関係を途絶えさせないこと。それがいつの日か売り上げにつながり、販売員の自信にもつながり、引き出しの在庫がひとつ、増えるのです。

歳の離れたお客様に接するには？

日本はすでに、高齢化社会から高齢社会、そして超高齢社会に突入しています。若者の消費行動は細分化され、とらえどころがありません。人口の年齢構成を見れば、圧倒的に高齢者の比率が高い状態。売り場の若いスタッフからすれば、親以上に年齢差のあるお客様に寄り添わねばならないことになります。年齢差はジェネレーションギャップともいいますが、世代の違いはどんなに焦ったって埋まるものではありません。ただでさえ、初めて会う他人が何を考えてるかなんてわからないのに、歳の離れたお客様なんて…と思うのも無理はないかもしれません。

私が長年立ち続けてきた売り場は、池袋西武でした。場所柄なのか、昔からご高齢の女性がかなり多く来店される売り場だったのです。

年齢は高いものの、百貨店で靴を買おうと思われる方はみなさん、おしゃれです。高齢になってもおしゃれをあきらめない方というのは、それなりに余裕のある方、という見方もできるでしょう。そして、往々にしてそういうお客様は話し相手を求めていることもあるものです。

何も仕事そっちのけで、おしゃべりの相手をしなさいというのではありません。ただ、会話のキャッチボールから相手のニーズをつかむことはできます。そもそも会話が苦手な人にとって、話好きの高齢者は会話のきっかけのつかみやすいお客様であることは間違いありません。

でも、何を話したらいいか、わかりませんよね？　話し相手がほしいからといって、一方的にあれこれ話しかけられても、理解できないかもしれません。まず手始めにその方の様子（ファッション、靴、歩き方など）を観察して、お出かけになるときはどんなお洋服で、どんな場所へ出かけるのか、尋ねてみることです。お気に入りのドレスの色は？ 形は？ だったら、どんな靴がいいでしょうね。「思い切り、おしゃれしてお出かけくださいね」と、励ましの言葉を添えてお見送りしたものです。

お出かけにはお車をご利用される、という方なら、少々ヒールの高い靴でもいいかもしれません。

どこで、何をするための靴なのか。それを必ず確認します。高齢者は筋肉の力も衰えています。ささいなことで転びやすいのは、子どもと同じです。お買い物用の靴なのか、旅行用なのか。観劇、お食事、美術鑑賞…高齢者のお出かけの目的はさまざまです。その状況にふさわしい靴をお勧めする必要があります。

例えば旅行用の靴を、と言われたとします。「そうですか、じゃあ、歩きやすい靴がいいですね」では不十分です。旅行って、どこへ？国内？海外？山歩きかもしれませんよね。私は「気の合うお友達と、京都へ小旅行なのよ」というお客様に靴をお勧めしたことがあります。高齢者にはひも靴をお勧めすることが多いのですが（その日の時の足の形状にフィットしやすいため）、そのときはひも靴はお勧めしませんでした。なぜなら、目的地が京都だから。日本旅館、日本料理店、お寺、神社…靴を脱ぎ履きする機会が多いのは予想がつきます。そのたびに靴ひもを緩めたり締めたり、そしてそのたびにお友達をお待たせするのは、お友達にもご本人にも気を遣わせてしまうからです。

もうひとつ、高齢の方に限った話ではありませんが、私が気を付けていたことがあります。それは、その方の身体に関わる言葉を使わない、というもの。例えば「お客様の足は外反母趾ですね」などということは絶対に言いません。たとえお客様ご自身が外反母趾という言葉を使われたとしても「靴を履くとき、親指の骨に力がかかりますから、長い年月には骨格の形が変わってくることが多いですね」と、お客様の立場で考えるようにします。高齢の方に多いのは「私、太ってるから…」「もう歳だから…」という言葉。これもさりげなく聞き流すのが正解です。お客様は気になっているから口に出すのです。お客様が気になさっていることに、そうですね、と決して相づちは打ちません。

ただし、ファッション性について相談するときは受け答えを工夫します。

お客様はおしゃれがしたいのです。しかし、おしゃれな靴は時として、肉体的苦痛を伴うこともあります。メリットとデメリット、その両方をご理解いただく必要があります。

「今日のお召し物はベルベットですので、スエードのこのデザインはとてもよく似合うと思います。でも、ヒールは高めですから、無理がありますし足に負担もかかります。ちょっと素材はお洋服から離れますが、履き心地のよさからいえば、こちらのヒールの低いほうがよろしいかと思います。お食事に行かれるのであれば、2時間は座ることになりますね。足がむくみます。やはりヒールは少し低めのほうが安心かもしれません。でも、女性同士のお集まりであれば、おしゃれにはこだわりたいかもしれません。であれば、高めのものがいいかも…」と、メリットとデメリットを交互にお伝えして、考えるヒントを提示して、ご本人に決めていただきます。間違っても、販売スタッフである私が決めることはありません。ただ、お客様の迷いを取り除くように力添えをすることはあります。

「もう一度、履いてみましょう」と促して、動作を伴うことで迷いを取り除けることもあります。

「お鏡をご覧ください。ヒールが低いと、お顔の表情にまったく無理がありませんね。高いヒールのものですと、少し緊張して無理が出るようです。どちらになさいます？」

それでも、決めるのはお客様です。私は見たままをお伝えするだけ。決めるのはお客様です。

「私は緊張しても、おしゃれなほうを取るわ。2時間ぐらいなら、緊張してもがまんできる。それよりおしゃれなほうがうれしいわ」とおっしゃるかもしれません。

「そうですね。でしたらぜひ、そちらを。ただ、階段などにはお気をつけくださいませ」と一言添えて、迷ったほうに心が残らないよう、その決断を応援します。

きっとお客様は安心されることでしょう。選んだ商品に安心感を持っていただくこと。それが販売スタッフの最終目標のひとつです。

それでも、経験の浅い若い販売員には、なかなかこのような対応は難しいでしょう。人生経験のない若者が私のような対応をしても生意気にみられるかもしれませんし、だいたい似合いませんよね。若い人には、その人らしさを大切にしながら、高齢者に寄り添っていただければいいと思っています。

例えば、相談に来られたお客様が、あなたのお母さんだったら？　おばあちゃんだったら？　どんな靴を履いてほしいですか？　どんな風におしゃれを楽しんでほしいでしょうか。

お母さんやおばあちゃんをいたわる気持ちで、お客様の足を確認してください。歩行が楽になるように。体に悪影響が出ない靴は？　その方の生活や、外出が楽しいものになるように。

高齢者は、若い人との会話を楽しみにしているものです。

「今は、どんなものが流行っているの？」

好奇心旺盛な人ほど、実年齢より若々しいものです。専門知識を持ってはいても、相手は人生の大先輩。ついつい知識を披露するかのように「教えてあげる」態度に出てしまわないこと。ご存知ないことをお伝えする前に、まずは相手の事情を観察し、引き出し、寄り添い、最後にあなたの中の知識を利用する。真摯に向き合えば、きっと喜んでいただけるはずです。

●コラム

足と向き合う大切さを再認識したお客様

今でも、思い出すだけで恥ずかしくなるような失敗談があります。でも、その苦い経験が、私の意識を大きく変えるきっかけにもなりました。

それは、女性の私でも思わず見とれてしまうほど美しい女性を接客したときのこと。女性は身長170㎝ほど。ほっそりとスタイルもよく、色白で頬はほんのりバラ色。街の誰もが振り向くような美人です。

お母様と一緒に来店され、シューフィッターによる相談を希望されました。

本来なら、何よりもそのお客様の足に注目しなくてはならないのに、私はあまりの美しさにぽーっとなって、お顔ばかり見ていたのです。優しそうなお母様に、上品で美しいお嬢様。嫉妬したくなるほどのおふたりです。

母と娘は同性ということもあり、仲良くお買い物に来られるお客様も珍しくありません。「ああでもない」「こうでもない」と、時には言い争いになりつつ相談している様子は微笑ましいものです。ただ、親子の買い物は相談が長くて接客に時間がかかるのも事実。その日も正直なところ「これは時間がかかりそうだわ」と思いながら計測台へとご案内しました。お母様が手を添えて、お嬢様を導きます。恥ずかしいことに私は、その瞬間まで大切なことに気が付きませんでした。

さあ、測りましょうと思って靴を脱いだお嬢様の足を見たとたん、私は頭を殴られたような衝撃を受けました。すらりと伸びた美しい足。しかしそのつま先は、両足の指先が足の裏に向かってやや丸まり、縮こまっていたのです。

「何度も手術をして、少しずつ伸ばして、やっと歩けるようになったんです」

お母様がうれしそうにおっしゃいました。

「今までリハビリ用の靴ばかりだったので、一度ぐらい女の子らしい靴を履かせてやりたくて…」

なんということでしょう。そのお母様のうれしさはいかばかりか！そして、普通の店では不安だから、シューフィッターのいる店をわざわざ探して、来てくださったのです。

私は穴があったら入りたいと思いました。販売のプロなんて言われて、日本初の女性シューフィッターとしてマスコミにも取り上げられて、いい気になっていたのは私でした。

それがどんなお客様であれ、私が向き合うべきはその方の足のはず。何を心得違いしていたのでしょう。

心からの反省を胸に秘めて、真心こめて丁寧に計測。ご相談に乗りました。選んだ靴にいろいろと手を加えて、快適に履けるように微調整。2時間はたっぷりかかったでしょうか。お買い上げいただいたのは、やわらかい革を使った、赤いカッターシューズでした。

そのお客様は、その後も年に1度ぐらいの頻度で、しばらくご来店いただきました。あるときは「ありがとうございました。就職が決まりました」とうれしいご報告をいただいたことも。お世話になったお礼にと、レースのハンカチまでくださいました。

「お買い上げありがとうございました」

私たちからお礼を申し上げるのが当たり前なのに、「お世話になりました、ありがとう」と言っていただける仕事。なんて幸せな職業なんだろうと、しみじみと実感した思い出です。失敗しても、喜んでいただけたことが何よりうれしい。そう思えるかどうかが、販売という仕事を好きになるか・ならないかを分けるのかもしれません。

そしてなにより、お客様の「ありがとう」が、販売の仕事をする私たちを成長させてくれるのだと思います。

第２章

売り場づくりは
面白い！
〜いいお店の見分け方

いいお店、って何でしょう。それは店のジャンルや性質にもよるかもしれませんね。毎日の食卓を支えるスーパーマーケットなら。たまの贅沢を楽しむ高級レストランなら。店主こだわりの品が並ぶセレクトショップなら。それぞれ「いい店」の指標も違うでしょう。また、評価する側によっても変わってきます。可処分所得の多い人、1円でも切り詰めて生活している人。働きながら子育てしている人。大家族、単身者…。事情はさまざまです。

前章では「靴は人から買うべき」だとお話しました。自動販売機で買い物するように靴を買っていては、いつまでたっても足に合う靴には出会えません。靴と足にまつわるトラブルもなくなりません。しかし、「自動販売機で買う」ように、買えてしまうのも事実です。

そんな時代に、靴を買いたくなる店というのは、どんな店なのか。また来たい、また相談したい、そう思わせる店は、どうしたら作れるのか。どうしたら見つかるのか。

本章では、そんなお店づくりについてのお話です。

入りたくなる店って、どんな店だろう

「あら、よさそうね。ちょっと入ってみようかしら」。

そう思えるのは、どんな店でしょうか。どんな店が人を引き付けるのでしょうか。

真っ先に目に入るのは、ショーウィンドーです。その飾りつけや並んでいる靴で、どんな品揃えなのか、おおよその店の個性が伝わります。そしてその次が、店の外から見た店内の様子。中のディスプレイでしょう。

靴店に限らず、中の様子がまったくわからない店に入ってみたいと思いますか？

何を売っているのかさっぱりわからない、自分とはまるで無縁の店かもしれない…そんな場所に足を踏み入れてみようとする人は、普通、いません。

もちろん、ミステリアスさを「売り」にしている店もあるでしょう。飲食店やバーなどなら、それも成立するのかもしれません。しかし、日々身に着けるものを売ろうとするお店では、それは逆効果です。

店は人と同じ。話しかけやすそうか。優しそうか、怖そうか。外から見て、雰囲気

がよさそう、自分に合っていそう、そう思ってもらえる店が、入りやすい店です。

では、どうしたら「入りやすい店」が作れるのか。

まず第一は、掃除が行き届いていること。そして、販売員が明るい表情でてきぱきと仕事をしていることも大切です。

何を当たり前のことを…とお思いでしょうか。それに、「常識は疑え」と思う人もいるかもしれません。

ごくまれに、ものすごく汚いのに、すごくおいしい飲食店、というのがあったりします。しかしそういうお店は、汚くても活気はあります。古くても、清潔だったりします。

しかし、どんなにピカピカでも、ご飯どきにがら空きのレストランに、入りたいと思いますか?

店員がだらだらとおしゃべりしていたり、お客様が入ってきても「いらっしゃいませ」の一言もない店で、買い物がしたいですか? まずは当たり前の積み重ねが大切。それがよい店づくり・よい店を見抜く第一歩です。

そうやってご来店いただいたら、ぜひ店内奥へと進んで、ショッピングを楽しんでいただきたい。ですが、ここからが第二ラウンドです。入り口で、くるりと踵《きびす》を返して帰りたくなるようではいけませんね。

店内は見やすく、買いやすいか。

商品を手に取りやすいか。

センスはよいか。

通路に邪魔な物や障害物はないか。

足元がごちゃごちゃして、靴が漫然と並んでいないか。

店内を一周しやすいよう、導線がきちんとできているか。

物を売ろうとするとき、最低でもこれだけの気配りは必要だということです。

お客様の立場で、お客様の視点で店内を見回してください。どこかにマイナス点はありませんか？

私が働いていた百貨店では、靴売り場は回遊できるようになっていました。2階の一部が靴売り場なのですが、ヤング、キャリア、インポート、コンフォートと、売り場は大きく4つに分けられていました。ゆったり歩きながら見て回れるように、メインの通路は売り場の真ん中に。エスカレーターを下りてまっすぐ進めば、自然にヤングの売り場へと続きます。キャリア、インポートと進み、コンフォートシューズの売り場を回ると、元のヤングに戻るしくみです。

もちろん、来店した方が全員、このルートをたどるわけではありません。時間のある人・ない人。目的の明確な人・なんとなくの人。事情は千差万別でも、少しでもゆったりと、商品に触れていただきたい。そのためにさまざまな工夫をしたものです。

■ディスプレイ

お客様に素通りされないように、足を止めていただけるように。気持ちを引き付け、靴を手にとってもらえるように工夫して陳列する。それがディスプレイです。

特に入り口周辺と、メイン通路ぞいのディスプレイは重要で、店が一番に気を遣うエリアでもあります。

次に重要なのが、壁ぎわの上段のディスプレイ。見渡せる場所では、人は視線が高くなります。高い位置に華やかなものがあれば、目にとまりやすいのです。そこで店側は、その時一番強く打ち出したいものをここに飾ります。

今年の流行の色は？形は？推していきたいものがあれば、ここで提案します。華やかではあるけれど、すぐには売れそうもない商品だってあります。派手なピンク。ラメ使い、豪華な装飾…直接「それ」が売れなくてもよいのです。一般受けはしなくても、見ただけでウキウキするような、思わず「こんなセンスのいい店なら面白いものがありそう」と期待してしまうような、強いインパクトのあるものを置きます。人の視線は、上から下へと移動します。そこで、華やかな靴で足と目をとめたら、その下の段には、実際に売れる商品を配置します。もちろん、目をとめた商品とジャンルやデザインの傾向に共通性のあるものでなければ意味はありません。

華やかな靴で気分を盛り上げ、実際使えそうなものを提案する。

「よさそう。履いてみようかな」

そう思っていただけることを狙っての、場の演出です。

■靴の並べ方

棚板にどのように靴を並べるかは、お店によってそれぞれでしょう。少しでもたくさん並べたい店の場合、左なら左ばかりをずらりと並べ、右側はその奥に、という方式を見たことがあります。私のいた百貨店ではオーソドックスな方法で、すべてつま先をまっすぐ前に向けて、数はひとつの棚に6～7足と決まっていました。

今では、ひとつのデザインに3色の色違いがある場合など、その3足を一組として並べるなどの工夫もされています。

前から見てプレーンなデザインでも、踵やヒールに凝ったデザインを施したものもあります。そんなときはあえて後ろ向きに置いて、ヒールを強調することも。商品が個性的であればあるほど、短い時間にその個性を印象付けなければなりませんから、デザイナーものなどの場合は、個性的な並べ方になることもあるでしょう。

どんなデザインであれ、気を付けなければいけないのは、靴の「お腹」を見せないこと。特にパンプスはデザインの特性上、土踏まずの部分に縫い目があることが多いので、そこを見せないようにするのです。

■日本独特の靴売り場

百貨店が大規模な改装をするにあたって、店づくりの責任者になったことがあります。今ほど不況な時代ではありませんでしたから、アメリカのシアトルにあるデザイン事務所までわざわざ出向き、アメリカ人デザイナーに私のイメージを必死で伝えました。

そのとき、私がイメージしたのは「ホテルのロビーのような靴売り場」。

その少し前、有楽町の売り場で経験した苦い思い出が、私の心のなかにくすぶっていました。その時の詳しい話は後ほどに譲りますが、私はもっとゆっくり、くつろぎながら落ち着いて靴を選んでもらえるような売り場にしたかったのです。そのため、高級ホテルのロビーをイメージして、照明器具や什器、椅子に至るまで選びました。落ち着いた雰囲気、心地よい座り心地、高級感。

それでも、アメリカ人デザイナーにはなかなか理解されなかったことがあります。それはそもそも、日米の売り場の違い、店づくりの違いによるものでした。

例えば、支払いカウンター。

アメリカ人の支払いはほとんどがクレジットカードなので、カウンターが不要なのです。日本もかなりその傾向が増えてきましたが、私がいたころは現金払いの方も多く、混雑時にはレジカウンターに列ができることも。それをいくら説明しても、アメリカ人は「そんなはずはない」と、なかなか理解してもらえませんでした。

鏡もそうです。日本では小さいお子さんが売り場を走り回ると危険なので、鏡は壁に固定してほしいと伝えたのですが、そもそもアメリカでは子どもが百貨店を走り回ることがありません。デザイナーは靴を履いた足元がよく見えるように、低い位置に鏡がたくさんあるほうがいい、と提案してくれます。

靴ベラも同様です。日本ではさっさと自分で試し履きするお客様が多いので、あちこちに靴ベラ立てを設置する必要があります。しかし、アメリカの高級靴売り場ではスタッフが靴ベラを持って履かせますので、これも彼らには理解できません。

しかし、利用されるのは日本のお客様です。私はカルチャーの違いをふまえつつ、必死で説明したものです。

■女性の目線に立てているか

婦人靴売り場に来るお客様は、みな女性です。そして私も、女性です。婦人靴を売るスタッフなら女性の、紳士靴を売るスタッフなら男性の、視点、価値観、感覚への共感が大切です。例えば私は、その店の改装にあたっては椅子の座り心地と高級感にこだわりました。

座り心地がよくてスタイリッシュ。そんな「居心地のいい場所」であれば、少々店が混雑してお待たせしても、くつろいでお待ちいただけます。実際、常連のお客様の中には、ここの椅子に座っていると心が落ち着く、とか、「私はいいから、ほかの方を早くみてあげて」とおっしゃる方さえいらっしゃいました。

椅子の高さにもこだわりました。あまり高いと腰を痛めます。沈みすぎるほどやわらかいと、ミニスカートを履いた方が落ち着きません。自然に座った時に、ひざの角度が90度より少し上になるぐらいに。百貨店ですと、食品売り場での買い物の後に寄る方もいらっしゃいます。椅子に荷物を置いて、万一汁ものがこぼれても、すぐにさっと拭きとれるよう、素材はあえて合成皮革にしました。

■床の素材もあえて変えた

空間の高級感を演出する大切な要素に、床があります。売り場の床は基本的に絨毯ですが、高級なインポート靴を扱うコーナーでは、床の一部を大理石の円形ステージ風にしたのです。そしてハイヒールを試着したお客様には、絨毯から大理石まで、歩いていただく。そうすれば、ハイヒールを履いて歩くとき、絨毯の毛足で滑ることはあるか。細いヒールが毛足にどの程度ひっかかるか。ツルツルの大理石の上を歩いて、すべらないか、ぐらつかないか。歩く間に刻々と変化する「床面」にも対応して考えられるようにしたのです。

さまざまな事例を挙げて説明してきました。これは百貨店での考え方ですし、販売スタッフ一人ひとりができることばかりではありません。床材や什器など、大きな予算が関係するものもあります。

ですが、店づくりをする上で最も大切なことは、実は販売スタッフ一人ひとりができることです。

それは「活気」と「動き」です。

なんとなく、空気がよどんでいるところに、入りたいですか？停滞した雰囲気は人の活力を奪います。

よい売り場とは、混んでいても空いていても、空気に動きのある空間。風のある店内だと思うのです。

スタッフがいかにも手持ちぶさたでひまそうで、姿勢も悪く、だらだらしていたらどうでしょう？

もちろん、いくら「活気」といったって、魚屋さんじゃありません。混雑していて忙しくても、活気とあわただしさは別物です。

風通しがよくて、人がはつらつとしていること。常に新鮮な空気がそよいでいるような雰囲気。そして、詳しくは後述しますが、スタッフ同士の関係がよさそうな店。それが、お客様にとって「入りやすい」「相談しやすい」お店だと思うのです。

仕入れと商品構成はどう決める？

店づくりは空間の雰囲気や内装だけで決まるものではありません。何よりも大切なのは「何を売っているのか」。商品そのものです。

どんなに居心地のいい空間を作ったって、商品に魅力がなければ、お客様は集まってくれません。

私は現役時代、「自分の売るものは自分で選びたい」とバイヤーに直談判して、仕入れに同行させてもらっていました。年に2〜4回行われるお取引先の展示会などで流行の傾向を知り、商品を仕入れます。流行は流行。ですが、店に足を運んでくださるお客様の「客層」に合わなければ、世間で何が流行っていようと意味がありません。とはいえ、お客様は流行に敏感ですし、知りたがってもいます。

お客様の要望と、世間の流行のバランス。楽しくもあり、厳しくもある仕入れは毎回背筋が伸びる思いでした。なにしろ売るのは自分ですし、責任も重大です。

海外にも買い付けに行かせてもらいました。

たとえば、発注する型数が50型だとすると、30型は売れ筋商品を。10型は自分の好みの商品を。あとの10型は自分の好みとは正反対の商品を、という具合です。

店づくりの項目でも書きましたが、売るため、というよりも「見せるため」の靴も必ず何足かは仕入れました。一般の方がなかなか手を出さないような、ファッション性の高い靴です。機能的とはいいがたいかもしれません。価格も高いのですが、一点もので、日本では他のどこも扱っていない商品です。欧米でないとなかなか履きこなす場もなさそうな品物だったりするのですが、店頭に置くと、ぱっと周りが華やぐのです。その靴が輝いてくれるおかげで「この店は他とは品揃えのセンスが違うな」と思っていただけるのです。

そういう靴には、人を引き付けるオーラがあります。そのオーラが人を呼び、結果的に他の商品も売れるようになると、私は思っています。元々売れないと思って仕入れているだけに、そういう靴が売れたときのうれしさは格別です。誰もが履きこなせる品物ではありません。だからこそ「私なら」と、靴に挑んでくださるファッション感覚あふれるお客様の目にとまったことが、うれしいのです。

自分の好みと正反対の靴を仕入れるのは、自分の感覚ばかりで選ぶと売り場がつまらなくなるからです。私には似合わないけれど、私と違うセンスをお持ちのお客様はたくさんいらっしゃるはず。それに、違った雰囲気の靴が並んでいると、それだけ店頭が多彩になります。

これは百貨店ならではの発想かもしれません。セレクトショップや路面の個人的な靴店なら、お客様、特に常連客はそのお店を気に入って訪れますから、同じ傾向の商品が揃っていたほうがいいのかもしれません。百貨店はもっともっとパブリックな性格のもの。百貨、というぐらいですから、いろいろなお客様を満たすことが求められます。普段黒い靴しか履かない方が、赤い靴を履いてみたいと思われたとき、その需要にこたえられる品揃えでなくてはならないのです。

今の現場の仕入れは、違うかもしれません。販売の仕事は生き物です。世の中の流れに合わせて、事情に合わせて、変化しています。そんな昔話をされても…と思われる方も多いかもしれません。それでも、物が売れるしくみというか、人が物を買う心理は、そんなに大きくは変わらないと思うのです。景気の良しあしに左右されるのが販売の仕事ですが、それでも「こんなものならほしい」「こんなものなら売れる」というセオリーは、その時代その時代にあるはずです。

私の時代は、こうでした。という話ですから、そのまま、今の現場には活かせないかもしれません。でも、ものの考え方は同じです。今ならどうすればいいだろう。自分の店なら、どうしようか。そんな風に考えてみてください。

仕入れにこだわることのメリットはまだまだあります。何より、販売スタッフが一番、お客様のニーズを理解しているということ。そして、自ら仕入れることでモチベーションも上がり、また、責任感も大きくなるということです。自分が気に入って仕入れた靴はかわいいものです。ぜひ売りたい、似合うお客様のところへ旅立ってほしい、と思えるはずです。

流行のとらえ方

靴は毎日履くもの。足を守るもの。その意味では機能性が重要です。しかし同時に、ファッションアイテムでもあります。その時その時の流行とは無縁ではいられません。ファッションに敏感な若い女性ならば、シーズンごとに流行の靴はチェックするでしょう。春夏と秋冬と。そしてクリスマスシーズンには、雑誌も百貨店も、流行のバッグと靴を大々的にプッシュしますよね。

百貨店は何でも揃う店。セレクトショップとは違います。とはいえ、百貨店ごとに個性はあります。今年のファッションの流行はこれ、と大きな流れはあっても、A百貨店とB百貨店では解釈が違います。ターゲットにしている年齢層やプロフィール（働く女性なのか・独身なのか・ママなのか・シニア層なのか）もそれぞれに異なります。

機能的で流行に左右されない靴。それは確かに「優秀」ですが、そんな靴ばかりだと、つまらない店頭になってしまいます。

遊びの靴も大切です。ハレの日のための一足だってご用意しましょう。働く女性も、帰りにデートやパーティの予定があれば、おしゃれな靴を履きたいものです。

では、そうしたファッションセンスを、流行情報をどうやってつかむのか。

当たり前ですが、店頭に立っていたころ、毎月のファッション雑誌は欠かさずチェックしていました。自分好みの本ばかりではありません。行きつけの美容院にお願いして、あらゆるタイプのファッション誌を見せていただくようにしていました。ティーン向け、キャリアウーマン向け、ミセス向け…同じ20代、30代の女性向けでも、その性質はまるで違います。まして最近のファッション傾向は、もう追いきれないほど細分化しています。昔のように、ひとつの大きなトレンドが街中をハイジャックするような流行り方はしません。また、ファッションと生活の距離が縮まったのも大きな特徴でしょう。普段着とよそ行きの距離が縮まった、と言えばいいのでしょうか。

顕著な話題が、ウエディングです。ウエディングドレスといえば、花嫁のあこがれ。こだわりの一着を選ぶ人が少なくありません。そのはずですが、昔のように何十万、いえ、場合によっては100万円するようなドレスをお召しになる花嫁さんは減っているといいます。もちろん、いまでもフルオーダーする方はいらっしゃいますし、それだけ経済的に余裕のある方はいらっしゃいますが、バブル時代のように「高いドレスがもてはやされる」ことはないといいます。なぜでしょうか。

「たった一日、それも数時間着るだけの物に、そんな予算はかけたくない」というのです。決してその方たちがケチだというわけではないのです。そのお金を、短時間しか着ないドレスよりも新婚旅行や家具や新生活にこそ使いたい、という考えなのでしょう。つまり、価値観の変遷です。

では靴はどうでしょうか。

繰り返しになって恐縮ですが、靴は人の健康をも左右します。毎日履くものなら、なおさらです。日々のワードロープに取り入れる靴こそ、上質なものを、とお勧めしたいのです。

もちろん、ハレの日に履く靴が特別な一足であることは否定しませんし、高級なものだったり、洗練されたものであれば、それだけ気分も高揚するでしょう。大切に選んでいただきたいとは思いますが、それと同じぐらい、普段の靴を大切に考えていただきたい。健康な足があってこその、おしゃれです。

そうした価値観を反映してか、最近では「ライフスタイルショップ」と銘打った店が増えています。洋服と日用雑貨を一緒に並べている、そんなお店です。

その意味では、西武百貨店と同じ、西武セゾングループが手掛けた「無印良品」は、その元祖だったかもしれません。ノーブランドをうたいながら、シンプルで汎用性が高くて、機能性の高い商品を開発して並べています。そのコンセプトが世界中で受け入れられて、皮肉なことに立派なブランドに成長しました。

さて、そんな時代、流行はどうつかめばよいでしょう。もちろん、前に書いた通り、雑誌もひとつの手がかりです。しかし、今の人たちは雑誌の情報を丸ごと信用はしていません。マーケット側が「仕掛けた」情報であることを、見抜いているからです。どこの雑誌も、それこそ必死で、流行を作ろうと躍起になっています。

そんな私が、雑誌以上に信頼できると考える流行の情報源。それは「人の集まり」です。日々売り場に立つことはもうなくなった私ですが、未だに一歩外へ出ると、街ゆく人のファッション、特に足元には目が行きます。古巣の売り場にも、ついつい足が向いてしまうぐらいです。電車の中はどうでしょう。映画館は？スポーツクラブは？どこでもいいのです。人が集まる場所というのは、実にたくさんの情報にあふれています。

駅や電車は、時間帯によってまったく違う人たちが集まります。スポーツクラブはさらにユニークです。ヨガ、エアロビクス、さまざまなクラスがあります。こちらも時間帯によって来ている人はさまざまですが、スポーツをしている時と、ロッカーで着替えて出ていくときの恰好の違いにも注目です。

実は私、ほんの数年前までご近所付き合いさえろくにしてこなかったのです。朝出勤したら夜までずっと仕事。靴のことばかり考えてきました。隣にどんな方が住んでいるのかさえ、無頓着だったぐらいです。その私が、２年ほど前から65歳以上を対象にしたエアロビクスに通っています。これがまあ、面白いこと！　それまで、若い販売員を含めて、仕事の関係者と友人、家族しか付き合ってこなかった私が、不特定多数の同世代の女性たちと一緒に汗を流すのです。最初はひたすら、観察しました。どんな会話をしているのか。どんな服を着て、どんな持ち物を持って、どんな靴を履いてくるのか。

自分も同世代であることをすっかり棚に上げて、そうか、65歳以上が20人も集まるとこんな感じになるのか…と感心したり。よそから見れば、私だってすっかりその一員でしょうね。そう思うと、それもまた楽しくて。

いろんな方がいらっしゃいます。私のようにずっと働いていたという人もいれば、専業主婦という人も。同じ年代で同じ女性であっても、社会性も過ごしてきた人生もまちまちです。そして、当たり前のことですが、お店にやってくるお客様もまた、まちまちなのです。

あなたのお店に来るお客様はどんな方が多いでしょう。住宅街に近く、日々の買い物ついでに寄るような店なら、普段着の方が多いでしょう。私のいたような、ターミナル駅近くの百貨店なら、お勤めの行き帰りに立ち寄る人もいれば、着飾ってお出かけして来る人もいらっしゃいます。

スポーツクラブに行くと、そんな方々の違う面を見る思いがします。

いつもの時間とは違う電車に乗ってみる。普段みかける人たちとは違う人たちを観察してみる。人にまつわる情報を取り入れないと、流行どころか、人に共感することさえ難しくなります。何よりのお手本は「群衆」なのです。

集めた情報の活かし方

あなたの勤め先が百貨店なら、情報はもちろん、店内にたくさんあります。どんな服が流行っているのか。バッグは？スカーフは？コートは？店内のディスプレイに目を配りましょう。そして、訪れるお客様を観察するのです。駅や電車、映画館で見かける人たちと、同じ傾向にあるでしょうか。ないでしょうか。

そうした服飾小物のバイヤーや販売スタッフとの情報交換や人間関係も重要です。どんなバッグが流行っている？どんな色が？素材が？デザインが？という具合です。

今の若い人たちは信じられないかもしれませんが、結婚式でドレスを着る場合、本来はミュールというのは不適切だったのです。ミュールはあくまでも、スリッパにヒールをつけただけのもの。いわば「室内履き」なのです。今でも宮中晩さん会のような、フォーマルな場面ではふさわしくないと思います。ですが、今はファッション優先です。サンダルにソックス、なんていうコーディネートもアリです。

また、サンダルやミュールにストッキング。これも、本来ならばおかしな組み合わせです（なにしろ室内履きですし、サンダルは本来素足で履くものです）。それでもそれがファッション的にアリだとしたら。ヒールの高いミュールやサンダルを、安全に履いていただくには滑りにくいストッキングが必要、ということになります。オープントウのサンダルやパンプスならば、つま先のデザインも問題ですね。一般的なストッキングでは補強のためにつま先部分の編み方が違っていて、目立ちます。素足なら問題ありませんが、ストッキングを履いてオープントウを履くならば、つま先まで同じ編み方のストッキングがあれば、よりファッショナブルに決まります。

「滑らないストッキングをお召しください」

「つま先まで素足に見えるタイプのストッキングがあると、よりオシャレに決まりますね」取り入れた情報を活かす瞬間です。

職場の人間関係が売り場を左右する

入りやすい店とは、どんな店でしょう。それを説明する中で、販売スタッフがきびきび仕事していること、人間関係のよさそうな店であること、といいました。もう少し詳しく、お話しましょう。

もうお気づきと思いますが、私は靴が大好きです。靴売り場は見過ごせません。現役を退いた今でも、自分の古巣だけでなく、よその百貨店でも、靴を並べている店には立ち寄らずにおれません。そんな私が一歩足を踏み入れて「あ、このお店はうまくいってそうだな」とか「うまくいってないんじゃないかな」と感じることがあります。それはひとえに、販売スタッフの醸し出す雰囲気によります。

前の章でも書きましたが、特に百貨店では、販売スタッフの所属はまちまちです。一見、同じように見えても、百貨店の正社員はほんの２割。あとはお取引先のシューズメーカーから派遣されてきている人たちがほとんどです。同じ靴売り場で、複数のブランドが並んでいても、販売員同士は実はライバル同士。どうしても自社の商品をプッシュしたくなるのは当然の心理というものでしょう。ですが、そんなこと、お客様には何の関係もないことです。販売スタッフがA社から来ていようが、B社から来ていようが、その人のノルマが苦しかろうが、知ったことではありません。正社員にしても、その人が係長だろうが課長だろうが、かかわりがあるのはトラブル対応のときぐらいのもの。お客様から見れば、みんな「○○百貨店の販売スタッフ」です。販売員の違いなど分かる必要がないどころか、むしろ「わからせてはいけない」のだと思います。

さて、その販売スタッフ同士がいい意味で切磋琢磨し合っているのならいいのですが、無駄にしのぎを削っていたり、ましてぎすぎすした空気が漂っていては、どんなに高級感のある店づくりをしていても、居心地のいい店とは言えません。結果、店全体の雰囲気が悪くなって売り上げが落ちる。誰も幸せになりませんよね。

そういう「違う事情を抱えたスタッフ同士」をうまくまとめ、全体で高い目標をクリアできるように統率する。それこそが売り場のリーダーの役割であり、百貨店の社員の務めともいえるでしょう。

かつての百貨店ではキャッシャー（レジ）システムをとっていました。いえ、今も継続している百貨店は多いかもしれません。キャッシャーシステムとは、お客様に接客するスタッフとレジ係が別、というスタイルです。百貨店で買い物をするとき、商品が決まったらスタッフに商品と現金（またはカード）を渡して、お会計してきてもらう…という経験はありませんか？　スタッフはお客様の商品とお金を預かってレジへ行き、キャッシャー担当に入力してもらって会計を済ませます。その間、お客様は売り場で待つことになります。

今は、この仕組みもかなり変わってきました。レジが扱いやすく進化したということもあり、接客したスタッフが最後の会計まで担当する百貨店が増えてきたのです。

このキャッシャーの存在は、あまりお客様の目にふれることはありません。売り場で待っていれば、包装した商品と領収書とおつりやカードを持った販売スタッフが帰ってくるのですから。

ですが、直接お客様と接することのほとんどないキャッシャーが意地悪だったら…。私は実際、態度のきついキャッシャーのいる売り場で売り上げが落ちるのを見たことがあります。メーカーから派遣されてきている販売スタッフへのあたりが強く、「あの人のいるレジへ行きたくない…」と敬遠される始末。そんなこと…と思われるかもしれませんが、人間には感情があります。そのストレスが職場の活気を奪い、売り上げにさえ影響するのです。

当時売り場の責任者だった私は、当然、そのレジ担当に厳しく注意しました。「何があったか知らないけれど、それはお買い物をするお客様には何の関係もないこと。お客様に接するスタッフみんなが気持ちよく仕事できるよう努めるのが社員でしょう。何をしているの！」

言うべきは言う。これはいつの時代も、仕事の上で心掛けてきたことのひとつです。

派遣社員同士も同様です。ライバル会社の商品ばかりが売れれば、それは心中穏やかではないでしょう。けれど、考え方ひとつで物事は大きく変わります。

他社の商品であっても、しっかり商品をチェックする。情報を頭に入れておいて、その靴をぜひお勧めするべきお客様が来たら、自信をもってお勧めする。他社の商品が売れても、我がことのように喜ぶ。その会社の販売スタッフには「今日は私が売ったのだから、うちのもよろしくね！」と言っておけばよいのです。

もし自社の商品の売れ行きがかんばしくなかったとしたら。それはそれで、重要な情報だと考えるのです。他社の商品と、何が違うのか。比較したとき、どうして選ばれないのか。どんなお客様が買っていかれるのか（買わずに帰られるのか）。詳しく、自社にフィードバックして、よりよい商品開発に役立ててもらえばいい。

この本を読んでくださっている方は、間違いなくまじめな方でしょう。そして、靴が大好きでその仕事をしているに違いありません。であれば、靴が好きなスタッフ同士、良きライバルとしていい売り場を作るために手を携えてがんばってみましょう。

あるいは、自分に合った靴を知りたい、自分にぴったりの靴を買いたい。いい買い物がしたい、そんな方だったら。ぜひ販売員に声をかけて、靴を選ぶときに相談してみてください。あなたなら、私にどんな靴を紹介してくれますか?と。自分がいいと思って選んだ靴と、スタッフが選んだ靴は、一緒でしょうか。どこが違いますか?聞いてみましょう。商品知識があって、お客様の足についてしっかり観察できているスタッフであれば、メーカーの違う靴でも真摯に説明してくれるはずです。

いいスタッフを見分けるコツが、ここにも潜んでいます。

鏡、靴ベラ、椅子

いいお店とはどんな店でしょう、というお話の中で、鏡や靴ベラや椅子のことを紹介しました。狭い店を広くすることはできません。それでも限られた面積を「広く使う」ことや「使いやすく」「動きやすく」活用することはできるはずです。

■鏡

鏡は、洋服の試着室にもありますが、非常に重要なものです。足の先に履く靴であっても、全身を映してチェックすることが大切なのです。お客様は一生懸命、「この靴、どうかしら」と考えて靴ばかりに注目します。イヤリングを買うときはイヤリングばかり、指輪なら手元ばかりに注目します。ですが、せっかくの大きな鏡でチェックしていただきたいのは、全身のバランス。そして、立ち姿や歩く姿勢なのです。さらに私は、靴を履き比べるときのお客様の表情にも注目します。

ヒールの高い靴は、履きなれない人には緊張を強いるものです。そして緊張感は顔に出ます。笑顔も引きつりがちになるのです。そうした姿をお客様自身に経験していただいて、ご納得いただくのも大切なポイントです。

では、その鏡はどこにあればよいでしょう。日本の売り場では、お客様が自分で試し履きをすることが多いです。立ったままですいすいと履き替える方もいらっしゃいますが、荷物が多かったり、高齢だったり。あるいはそれがひも靴だったり。安全のためにも、ぜひ椅子を使っていただきたいところです。ですが、椅子と鏡が離れていたら、どうでしょう？　鏡のところまでいかないと、全身をチェックできません。持ってきた荷物は？脱いだご自分の靴は？　それらを椅子のまわりに置き去りにして、鏡の前へ行ったり来たり。複数を履き比べたいなら、なおさらです。それでは落ち着いて考えることすらできませんね。

ですが、どうしても椅子の周辺に鏡が配置できないときはどうするか。移動式の姿見をバックヤード（商品倉庫など）なり、通路の邪魔にならないところに用意しておくことです。もちろん、場の雰囲気を壊すようなみすぼらしいものではいけません。鏡だけでも重たい上に、装飾がついていたりしたらますます重くなります。移動は細心の注意を払って。キャスターにきしみはないか、スムーズに動かせるか、常にチェックしておきましょう。

そうした鏡の備えがあれば、足の不自由な方や高齢者が来店なさっても、負担なく全身をチェックしていただくことができますね。

■靴ベラ

靴ベラも大切なアイテムです。店頭に並んでいる靴たちは新品ですから、お客様の足になじんでもいませんし、そもそも硬いもの。無理に履こうとすれば靴を傷めることにもなりますし、お客様も不愉快に思われるでしょう。

試着したいのに、見えるところに靴ベラがない。これではせっかくのお客様の気持ちもしぼんでしまいます。また、高級なブランド靴やファッションセンスあふれる品揃えなのに、安っぽいプラスチックの靴ベラが棚にひっかけてあるだけ…これも興ざめですね。

また、シニアの方々の場合は、膝や腰にトラブルを抱えていらっしゃる方も珍しくありません。靴を履くために中腰になるのが、思った以上に負担になる場合だってあります。最近は足腰に負担をかけずに靴が履けるよう、柄を長くした靴ベラなども登場しています。

また、靴ベラの素材や仕上げにもチェックが必要です。表面が傷ついていたりしたら、お客様のストッキングを痛めてしまうかもしれません。

デザインが良くて、素材がしっかりしていて、お客様がすんなりと負担なく使える靴ベラを、適正な数用意する。当たり前のことですが、それが機能的な売り場の第一歩でしょう。

■椅子

私が売り場の改装を任されたとき、ホテルのロビーをイメージした椅子を用意したというお話をしました。高級感がありながら、それでも食品売り場で買ってきた食品の汁気がこぼれてもすぐにふける合成皮革製。本当に座り心地がいい、とたくさんのお客様からおほめいただきました。椅子が座り心地よいと、お客様は多少店内が混雑して店員から待たされても、ゆったりお待ちいただけます（そもそもお待たせすべきではありませんが）。しかし、椅子については座り心地のよさだけにとどまらない、考えるべき点がいくつかあります。

まずは椅子の配置。先ほどの鏡の項目でも言いましたが、鏡のそばに椅子があることはとても大切です。ただ、椅子の数ほど鏡が用意できないこともありますので、その椅子がいつまでも占領されてしまうのも困りもの。奥様や彼女の買い物に付き合わされている男性がつまらなそうにどっかり座っていたら、どうでしょう。その鏡を使いたいほかのお客様が、遠慮してしまいますね。

また、椅子に荷物を置く方も珍しくありません。鏡と椅子が離れていて、手荷物から離れてしまったらどうでしょう。百貨店というのは、残念ながら置き引きの被害が多い場所です。その椅子が、見通しの悪い死角にあったら？　盗難事件が起きてしまっては、靴の販売以前の問題です。椅子がどこにあるのか。スタッフは必ず把握してチェックするようにしたいものです。

店頭の商品、全部知っていますか？

店の在庫を全部丸暗記しなさい、なんて言うつもりはありません。それでも、どこにどんな靴があるのか、おおまかな特徴ぐらいは頭に入れておきたいもの。私は自分が仕入れに携わっていたこともあり、比較的容易だったのかもしれませんが、何より毎朝の清掃の時間が、私と靴のふれあいの時間でした。

開店の遅くとも30分前には店に入り、清掃しながら靴を磨きます。ケースや棚板、ガラスや鏡の指紋やくもりを拭き、靴の一足一足をみつめます。

「この靴、どんな方が履くのだろう」「この染め方、きっと難しいんでしょうね」「このミシンステッチ、かけるのは大変だったと思うわ。きっと職人さんのこだわりね」「履くのが楽しくなりそうな靴ね」。その靴の可愛いところ、性格のよいところを、人を見つめるのと同じ気持ちで眺めたものです。

いよいよオープンの時間を迎えてからも、その思いは変わりません。

「あの靴が似合う方が現れないかな…」と、自然と視線が入り口に向かいます。お勧めできそうな方が現れたら、本当にうれしいのです。

靴への思い。作った職人さんへの思い。買って、履いてくださる方への思い。

もちろん、思いだけで仕事はできません。似合いそうな方がいらしたとしても、その方の足に合わなければ意味がありません。思いを通すことだけでは、単なる押し付けです。

それに、靴を冷静に見つめ、大切に扱うことが第一です。任意の一足をぱっと手にとって、「この靴のよいところを5つ、言ってみなさい」と言われたらどうしますか。

「シルエットが洗練されている」

「ヒールとボディの色のコントラストが素敵」

「ラインストーンが華やか…」などなど。

商品に愛情があれば、少なくとも見た目の魅力は4つや5つは出てくるでしょう。

逆に言えば、興味がなかったら「えーっと…」と言葉に詰まるかもしれません。

さらに私は、開店前や閉店後に、実際に靴を履いてみるようにしていました。

「とてもやわらかい革を使っている」

「歩いた時の靴の返りがよい」

「(私の)土踏まずにはフィットしないけれど、もっと開帳足の人には合うかも」

…実際、身をもって体験すればこその特徴が、見た目の特徴に加わればさらにお勧めしやすくなります。同じサイズ表記をしていても、メーカーによって、また、国産かインポートかによっても違いがあります。どんな木型を原型にしているかによるのです。

「A社のEEは細みだから、B社ならEEに相当するな」というのも、自分の足を基準に体験すればこそ、わかることです。

どのメーカーには、どんな傾向があるのか。どんなお客様に合うのか。合わないのか。自分の身体を物差しにして身体で判断すると、説得力のあるお勧めができるのです。

と、ここまで書いてきて、はたと気がつきました。そう、これは私の美しい思い出話。今の時代、労働時間は厳しく管理されサービス残業などもってのほかです。働いたら働いた分お給料が支払われるのは当然のことですが、それが長引けば長引くほど、経営側にとっては人件費が膨らむことにもなります。長時間労働では「ブラックな職場」とも言われかねません。

でも、ちょっと待って。だとしたら、ここにご紹介したような「売り場の整備」「商品への理解」「知識の習得」はいらない仕事なのでしょうか？ それこそが「人間にしかできない」仕事なのに！

じゃあ、どうしたらいいの？ そう、答えは簡単ではありません。この問題にそんなにやすやすと答えが見つかるようなら、誰も苦労しないでしょう。

百貨店は商業施設です。開店時間（営業時間）は一分でも長く確保したい・商売のチャンスは少しでも多く取り込みたい。それが百貨店の本音です。

だとすると、清掃や商品知識の勉強は時間外に行われることになります。そうした地道な努力を、人知れずコツコツと…というのが、従来の日本人の価値観では称賛されてきました。もちろん、陰日向なく努力することは素晴らしいことです。そしてその努力は、正当に評価されるべきです。

「こうすればいい」という回答が提示できなくて申し訳ありません。しかし、時間の使い方は人それぞれ、職場それぞれです。シフトを工夫して勉強する時間をとるなど、売り場責任者の裁量でスタッフに接客以外の業務ができるようにするのも一案ではないでしょうか。

そしてそのためには「商品を知ること」「理解を深めること」「コーディネートの応用や足と靴について考えをめぐらせること」は立派に『業務である』と認識することが大切だと思うのです。販売職は売上げこそが評価に直結する。それは紛れもない事実です。しかし、愛情をもって商品を知り、情報を集め、それを地道にお客様にフィードバックする仕事は、決して無駄ではありません。また、長期的な目で見れば、そういう力を蓄えた販売員こそが、すぐれた成績を残せる人材になるはずなのです。

お客様を知り、売り方を考える

東京の有楽町は日比谷や丸の内など、日本を代表するオフィス街のおひざ元。来店される女性はほとんどがＯＬさん（死語でしょうか）。会社が終わる5時、6時から突如として混雑しはじめ、閉店の8時までが毎日戦場でした。

通勤途中で立ち寄るお客様方ですから、あまり時間もありません。日比谷や丸の内にオフィスを構える、名の通った企業で働く女性たち。当然、お金もありますしファッションにも敏感な方々です。ですが、その靴の買い方といったら…。

みなさん判でついたように雑誌の切り抜きを持ってこられて「これください」とおっしゃる。ひどいときは試着すらせずに買う方もいらっしゃいました。せっかく私がその方に合う靴をご紹介しようとしても、「そんなことは頼んでいない」と応じてもらえません。

そして、そういうお客様に限って、トラブルを抱えた足をしていらっしゃいました。外反母趾、巻き爪、ハンマー・トウ。変形し、傷つき、痛々しく悲鳴を上げている足。そしてまた一足、足に合わない靴が売れてゆく…。私は必要とされていない。無力感でいっぱいでした。でも、その経験が、私に転機をもたらしました。「女性の足をなんとかしないと、靴どころではない」。

もっと靴と足について学びたい。そう考えたきっかけでした。

私は池袋での経験と実績を買われて、有楽町西武のリオープンを任されたのです。若いスタッフをリードすること、教育すること。私は燃えていました。しかし、ふたを開けてみたら、このような状況だったのです。周囲のスタッフも、来られるお客様も若い。時間のないお客様は、十分な吟味もせずに合わない靴を買ってゆく。少々痛くても、おしゃれな靴が履きたい、とおっしゃる。シューフィッターが、シューフィッターとしての仕事ができない状況でした。靴よりも前に、足を治そう。そう思い立った私は、フットケアの勉強をすることにしました。「足と靴の専門技術者養成・フスウントシュー インスティテュート」（ＦＳＩ）。この養成講座で、フスフレーゲ・テオリー（足のケア理論）を、ドイツ人講師、ベルンハルト・エッサー氏からみっちり、教わりました。

口述試験の内容は、こんな感じです。

「静脈瘤の人には、なぜマッサージをしてはいけないのか。医学的に説明せよ」

血栓症の問題です。靴を売るのに必要な知識だと思われますか？答えはＹｅｓなのです。これからの時代、超高齢社会でお客様が適切な靴に出会い、健康に歩き続けるには、こうした専門知識のある販売スタッフが必要なのです。

足は第二の心臓、という言葉を聞いたことがあるでしょうか。足の動き、もっと言えば、歩行は、血流に大きく関連しています。実際、ボランティア研修で老人ホームを訪れましたが、歩けない80代の方と、すたすた歩ける１００歳の方とでは、認知症の進み具合が劇的に違っていたのを覚えています。

そうした知識や技術のある販売員がいれば、これからの時代、大きな戦力となります。知識や技術は、商品の見方、扱い方、売り方をも変えてくれます。

自分のいるお店は、どんなお店でしょうか。お客様は自分と同世代ですか？　扱う商品の内容は？価格帯は？お客様の要望は？　自分の知識や経験は、そのお店に合っていますか？　足りないことがあるならば学ぶ。体験する。知識を活かせる環境を整える。

もちろん簡単なことではありません。しかし、私のころと違って、いまは制度やしくみも整っています。シューフィッターの資格制度も確立して、学べる機関は常に門戸を開いています。もしあなたが、靴の専門家として成長したいならば。靴を足に正しく合わせる技術を身に着けたいならば。自分にできること・すべきことを考えることから始めてみてはいかがでしょうか。

いい売り場　いいスタッフを見抜く

ここまで、売り場づくりについてあれこれ書いてきました。読んでくださる方がシューフィッターでない場合、「私に何の関係があるの？」と思われるかもしれません。

しかし「靴の売り場というのはこんな風に作られているのか」「あの鏡にはそんな意味があったのか」と思っていただけたら幸いです。

そしてより賢い買い物をするために、もう一度「いい売り場」「いい販売員」についてまとめてみましょう。

・商品が見やすくまとめられていること
・鏡や靴ベラなど、必要なものが手近にあって利用しやすいこと
・整理整頓されていて清潔であること
・賑わっていても空いていても、売り場に活気があること
・販売スタッフがきびきびとしていること
・靴や足のことを相談してみて「理解があるな」と感じられるスタッフであること
・足と靴の悩みに、一般論ではなく、お客様に寄り添えるスタッフであること

●コラム

百貨店の靴売り場の楽しさ

百貨店の百貨とは、たくさんのものがある、ということ。もちろんご存知でしょうが、百貨店には靴のほかにも、バッグやスカーフ、手袋、帽子、アクセサリーなどの服飾雑貨、洋服、食料品、家庭用品、なんでもあります。そして百貨店の靴売り場ならではのエピソードといえば、他の売り場との連携でしょう。

店頭を楽しくディスプレイするために、私たちはずいぶんアイデアを凝らしました。季節感を大切に。それもファッションの世界は少し先取りをするのが常識です。流行色やスタイルを強く印象付けたいとき、バッグやスカーフを他の売り場から拝借してコーディネートするなど、よくやったものです。

もちろん、こちらからお貸出しをしたこともあります。売り場同士の連携、人間関係やきちんとした信頼関係が築けていればこその技です。靴売り場でバッグを見たお客様が、靴は買わなかったけれど、バッグ売り場へ行かれることはあります。その逆もあったかもしれません。互いの売り場に興味を持つこと。お客様の全身をコーディネートする意識を、それぞれの売り場で、みんなが持つことが大切です。

センスのよいお客様で、百貨店を賢く利用される方などは、上のフロアでお洋服を購入したら、それをそのまま持って、靴売り場に来ることもありました。

「今上でこれを買ってきたんだけど、合う靴が欲しいの」。

お洋服を買った、その気持ちの盛り上がりをそのままに。こちらまで何だか楽しくなってきたものです。

シューフィッターという仕事は実に多彩です。どんなおしゃれよりも、まず健康。お客様の足のために、最善を尽くします。けれど、同時に夢を与えるのも靴の魅力のひとつ。お客様の毎日を少しでも楽しく、軽快に。靴を、ファッションを、コーディネートを楽しむ気持ちを販売スタッフが持っていなければ、楽しい売り場は作れないと思うのです。

第３章

靴をもっと知ろう！
〜いい靴を選ぶために

第1章、第2章では私の経験をもとに「靴を売る」もしくは「賢く買う」ためのトピックスをお伝えしました。

ここからは「よい靴」の選び方をお伝えしたいと思います。

靴に悩んでいる人は多いものです。履きたい靴が足に合わない。一日働くと足が痛い。靴擦れ、マメ、巻き爪、ハンマー・トウ、外反母趾…。靴に起因する足のトラブルは、いくら挙げてもきりがないほどです。

また、街ゆく人の歩き方を見ていても、首をかしげたくなるような靴選びをしている人は珍しくありません。例えば、若い女性の間で大流行したムー

靴による主だった障害

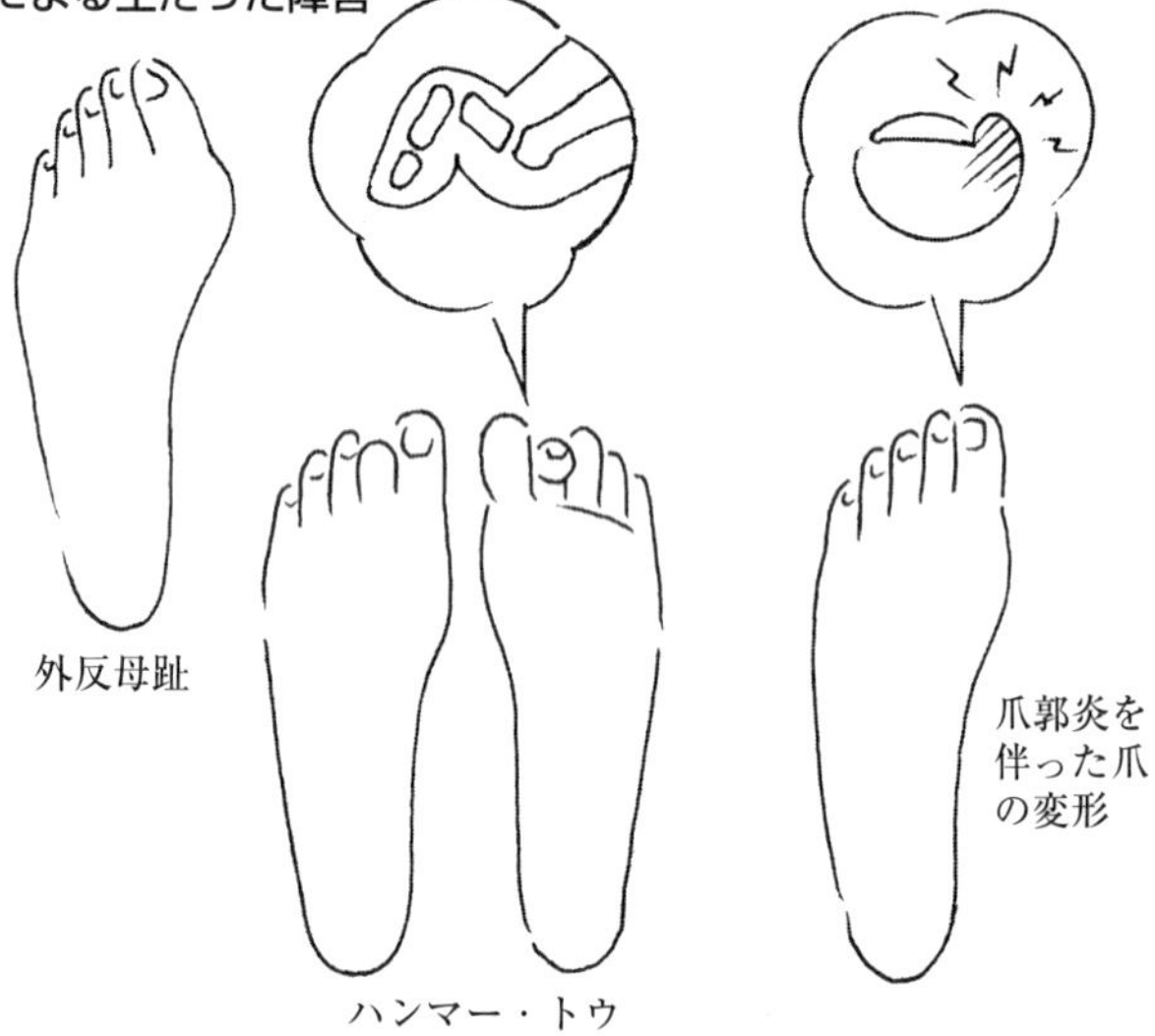

トンのブーツ。元々が柔らかい素材でできていて、大きさもたっぷりしています。それを日常的に履いて歩くものだから、歩き癖に添って靴が変形。よれよれの状態で闊歩している人をよく見かけました。足にフィットしていないから、ずるずると引きずるようになります。すり足で歩く若いお嬢さんたちは、ズッ、ズッ、と足音ともいえない音を立てて歩いています。「歩きにくくないの？」と聞きたくなりますが、流行のファッションに身を包んで、本人は至ってご機嫌だったりするのです。

そんな靴選びを続けていたらどうなるか…。有楽町の百貨店で、決定的に傷ついたたくさんの足を見て、私は立ち上がりました。足を学ぼう。靴をもっと学ぼう。

私が学んだことを、みなさんの靴選びに活かしていただければと思ってお話しします。

欧米人の靴の履き方・日本人の靴の履き方

私が子供のころ、靴は特別の日に履くものでした。もちろん、学校では運動靴を履きますが、日々の履物では下駄を履くことも珍しくありませんでした。私の母に至っては、生涯、まともに靴など履かなかったのではないでしょうか。

戦後生まれの私でさえ、そうなのです。日本人の生活の中で、靴の歴史はまだまだ浅いと言わざるを得ないでしょう。

ドラマや映画で見ていてもわかる通り、欧米のライフスタイルでは自宅に帰っても靴は脱ぎません。彼らは朝から晩まで靴を履いています。また、私たち日本人のように、毎日浴槽にしっかり浸かってお風呂には入りません。ほぼシャワーです。そんな彼らにとって、靴は歴史の長さ以上に大切な存在です。なにしろ一日の大半、自分の身体を預けているのですから。

足は第二の心臓とも呼ばれます。歩くことで血流が促進され、全身の健康にも大きく寄与します。そんな大切な「心臓」をどんな靴におさめ、どう履きこなし、どう歩くか。欧米の人たちは幼いころから、靴の選び方や歩き方について、しっかりと教育を受けています。家に帰れば靴から解放される日本人と違って、欧米人は足に合わない靴は一大事です。靴選びは真剣で、時間をかけて徹底的に吟味するようです。

私自身、売り場でそれを実感したことがあります。フランス人のお客様でしたが、日本人に接するのと同じように接客しようとしたら

「私は靴の歴史のある国で生まれ育ったので、靴の買い方も履き方も知っています。

だから、サイズが合っているか・合っていないかの判断も、自分でできます。それよりも、色やデザインがどうか、っていうお話をしましょ」

欧米人の靴に対する意識レベルの高さを思い知った瞬間でした。

日本人は自分の足を知らない

前章でもお話しましたが、靴を売るというのは非常に難しいものです。また、日本の販売スタイルとして、お客様はご自分で見て回り、これ、と思ったら自分ですいすいと試着することが多いもの。サイズが合わなければ販売員に声をかけて「これの24cmはありますか？」とおっしゃいます。そしてもっとも多いパターンとして、販売員は言われたサイズを在庫から出してきて、試着して、気に入れば購入。気に入らなければ他の商品に移るか、どうかすると「また来ます」とお帰りになってしまいます。

果たしてそれで、本当によいのでしょうか？

お店にはそれこそ、たくさんの靴が並んでいます。

お客様が気に留めた商品があったとして、お客様が自分で自覚しているサイズを試す。たったそれだけで「買う・買わない」。靴とのご縁が決まってしまうのです。

実は、店に並んだ靴の中に、もっとお客様に似合う靴が、もっと足にぴったりの一足があったかもしれないのに。

そして何より、シューフィッターとして強く思うのは「日本人は自分の足を知らない」ということです。

私は23・5のEだから。とか。24・5のEなの。とか。自分の足のサイズをそのように把握して、どこで何を試すにも、そのサイズを試して判断してしまう。それがそもそもの間違いなのです。

お客様は、靴売り場に「私の足にぴったりの一足」を求めてお見えになります。しかし婦人靴は21・5から26㎝ぐらいまでは5㎜間隔で作られています。一般に人の足はそうきっちりとはいかないもの。22・8㎝だったり、23・2㎝だったり。右と左で長さや幅が違うのが普通ですが、靴は左右同じにできています。となれば、100％ぴったりではないまでも、できる限りそれに近いものを選んで差し上げる必要があります。

しかしここでお客様が「思い込んでいる」自分の足と、現実の足の違いが問題になります。

言われたままのサイズをお出ししても、どうにもしっくりこない。ならば、と、ワンサイズ大きい（小さい）サイズを試しても、やはりダメ。そんなときこそ、お客様の足をきちんと計測する必要があります。シューフィッターの仕事の基本は、まずお客様の足を正しく計測することから。その間にも足をよく観察し、把握し、問題点を見つけるのです。

具体的にご紹介してみましょう。

まず、計測には専用の記録用紙（ペドカルテ）を使います。その上にストッキングやソックスを履いた状態で立

足を測る

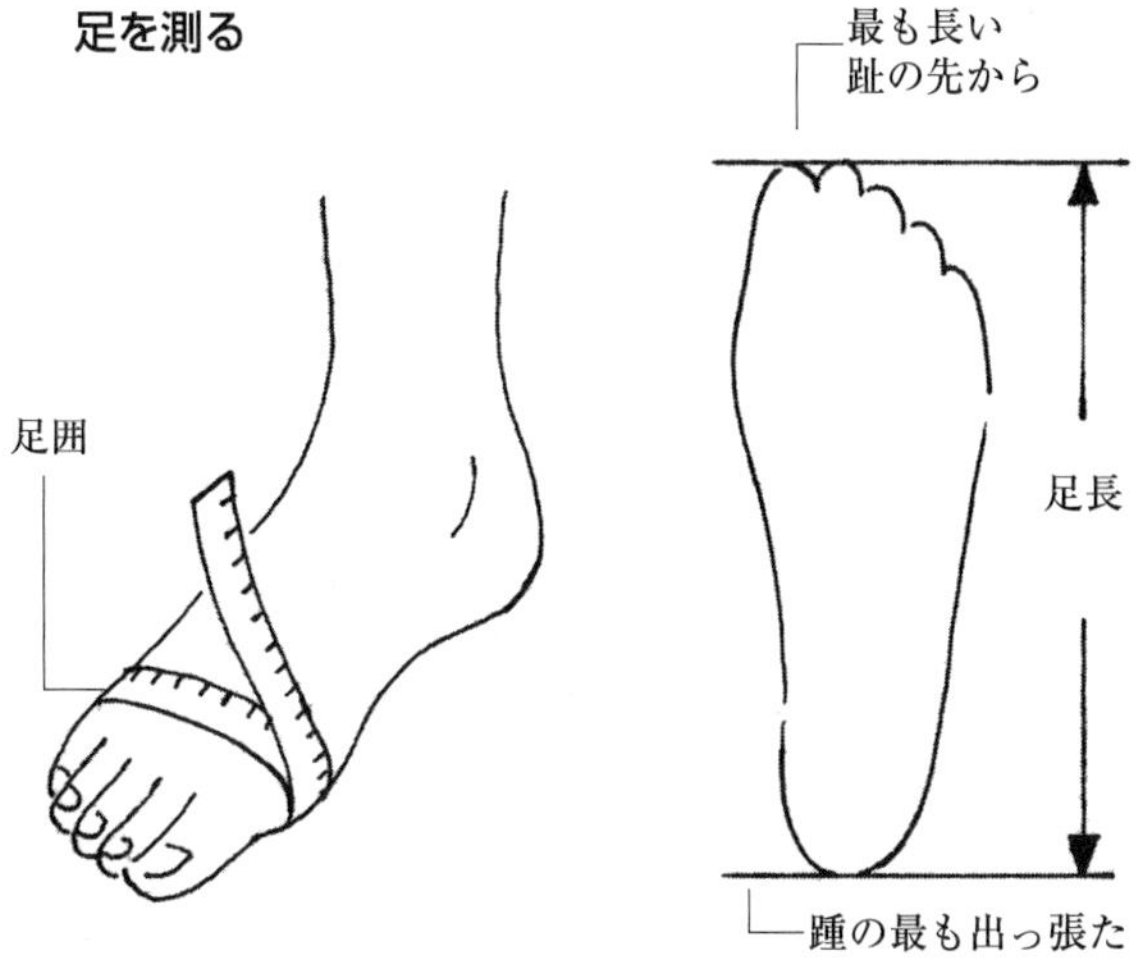

母趾と小趾の付け根の
部分を巻尺で測る

2本の線の間の長さを測る

っていただきます。うつむいたりせず、まっすぐ前を向いた状態で輪郭線をとります。このとき、まごまごするようではお客様は疲れてしまいますし、時間ばかりかかりますね。力を入れすぎると線を引くのがスムーズにいかなくなってしまうのも、もたつきの原因です。計測はシューフィッターの仕事の第一歩。手慣れたシューフィッターであればあるほど、手早く端的、かつ正確に計測してくれるはずです。

両足を計測、輪郭を取ると、左右の足がいかに違うかがはっきりします。お客様の見ている前で足長、足幅、足囲を割り出します。こうして出来上がった記録用紙を、私はお客様と並んでお見せします。向かい合って差し出してもよいのですが、私はお客様と同じ目線で、同じように見たいので、必ず横に並ぶようにしていました。

こうして計測すると、お客様はご自分の足をはじめて客観視し、場合によっては驚き、そして納得してくださいます。

計測データから読み取れるもの

さて、身体測定ではありませんから、測っておしまい、ではありません。また、計測というと長さを測るだけのように思われがちですが、そうではありません。せっかく計測しても、「お客様の足は24の２Eです」だけで終わらせては意味がありません。計測した用紙には、お客様の足の情報がぎっしり詰まっています。これを読み解かない手はありません。

それをしっかりと読み取り、お客様にお伝えした上で、最も足に合った靴をご提案してこそシューフィッターです。

「足長は２２９㎜。右のほうが若干長いですが、左右がぴったり同じ、という方はほとんどいらっしゃいませんので全く問題ありません。足回りですが、２４０㎜と２４５㎜で、右が５㎜大きいですね。大きい方の足で見ますと、足長が23㎝、足囲が２４５㎜ですから、お客様の靴のサイズは23の４Eということになります」

さらに、人の足は数値だけで推し量れない部分があります。同じ足囲でも、扁平な足もあれば、甲高な足もあるのです。

「右の親指に若干トラブルがありそうですが、痛みはありませんか？」

観察して感じたことを、確認してみましょう。また、トラブルが見て取れるとしたら、それはこれまでに履いてきた靴によるものである可能性は高い。足の特徴と併せて、どんな靴がトラブルを起こしたのか。どんな靴なら健康的に、快適に履いていただけるのかを判断します。

「指の並び方は、第1指が一番長い、いわゆるエジプト型ですね。足回りが左右で5㎜違うので、大きい方に靴を合わせると片方にゆるみが出そうです。今までお客様が靴選びで大変だったのは、23㎝で4Eの靴がなかなかないためですね。幅を基準にすれば、足長のサイズを大きくしてお選びになることが多かったのではありませんか？足の形に合わせた靴選びをすれば無理がありませんし、横のアーチが落ちてきて

足型の3タイプ

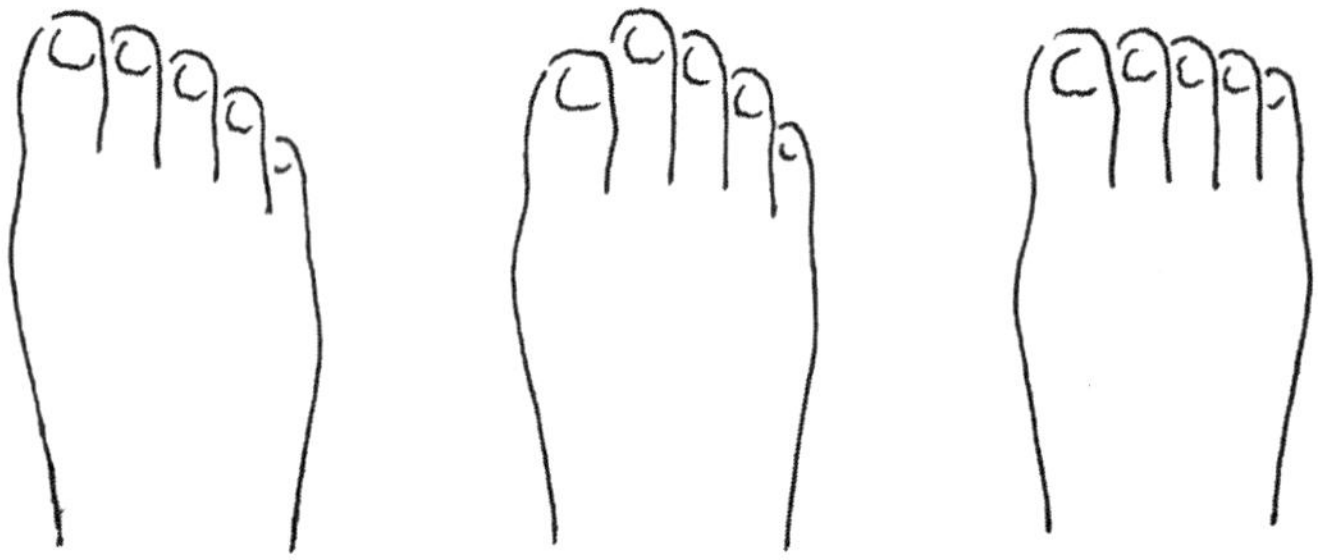

エジプト型　　ギリシャ型　　スクエア型

いるので、アーチを持ち上げる形状が中にあったほうが足のためにも良いでしょう。ヒモやベルトで調整できる靴なら、足が中でずれることなく履けるのでお勧めです」

このお客様のようにトラブルの多い足であっても、私はきちんと事実をお話しします。もちろん、それで終わってしまってはいけません。トラブルの多い足の方ほど、フォローは重要です。現実を知らされただけでは、気落ちして終わってしまうかもしれません。もう自分にはオシャレな靴は無理なのだとがっかりしてしまうかも。ましてて、何のフォローもなしに、いきなり販売員が23の4Eの靴を「これがあなたのですよ」と差し出したりしたら…。

「これが私に合う靴なの？　絶対いや！」となりかねません。

新しい靴を買おうという、ウキウキした気分など消し飛んでしまうでしょう。

事実を伝える限りは、フォローもしっかりと。どんな靴がお望みなのか。何か目的があって探しておられるのか。きちんとお話を聞きます。

結婚式に呼ばれて、どうしてもオシャレなデザインの靴が履きたい。少々足に合わなくても、履きたいのだとおっしゃるならば、何とか考えて差し上げたい。

同じ女性として、相手の気持ちに立って、パーティの間だけでも楽しく過ごせる靴選びをお手伝いする。それが本当の販売員だろうと私は思うのです。

いい靴って、どんな靴？

有楽町西武での経験が私に「足の健康とケアを学ぶ」きっかけを与えてくれたことはお話ししました。20代、30代女性の足のひどい傷み方。これを放置しておいたら、シニア世代になるころには歩けなくなってしまう！そんな危機感が、私を学習へと駆り立てました。今も「オシャレのためなら痛くてもがまん」「合わないかもしれないけど、欲しい」というお客様はいらっしゃいます。ですが、言うまでもなく、オシャレである前に健康こそが大前提！　だったらまず、足を元気にしよう、というわけです。

少し前、テレビのバラエティ番組で『美魔女』という言葉がもてはやされました。実際には50代、60代、70代なのに、とてもそうは見えない美しさ。スレンダーなプロポーションに美しい肌や髪。そんな若々しい中高年女性を番組では『美魔女』と呼んでもてはやしていたのです。

では何が美魔女を生み出したか。それは、食生活を含む生活様式の変化とご本人の心の持ちよう、そしてすぐれた美容製品でしょう。年齢を重ねても、元気な女性はハイヒールを履いて闊歩しています。本格的な超高齢社会を迎えた今、それはある意味、当たり前のことでもあり、あるべき姿なのかもしれません。年齢を理由に、おしゃれや美容をあきらめない。生き生き、はつらつとした女性が社会に増えるのは素晴らしいことです。

でも、ちょっと待って。

日本人が日常的に靴を履くようになって、せいぜい80年。肌や髪など外見を若々しく保つ技術がどんなに進んでも、身体そのものが進化したとまでは言えないでしょう。若いころから大きな負担を与え続けてきた足は、シニア世代になれば疲労やトラブルが蓄積して、悲鳴を上げているはずです。しかし、若いころから社会に出て闊歩してきた女性は、年齢を重ねたからといってオシャレをあきらめたくはありません。これからの時代、社会経験豊富な女性たちがどんどんシニア世代を迎えようとしているのです。今求められているのは、そんな彼女たちに「おしゃれ」と「健康」をバランスよく提案できる店や販売員だと思うのです。

では、どうしたらいいでしょう。

オシャレなコンフォートシューズも、増えてきました。しかし「ほしいのはウォーキングシューズやコンフォートシューズじゃない」とおっしゃるかもしれません。パンプスやミュール、サンダルを履きたい女性の年齢層は幅広くなってきています。だったらどうするか。

いわゆる『ハレ』（お祝い事やよそいき、オシャレ）と『ケ』（不祝儀、普段使いなど）を分ける提案をしてはいかがでしょうか。

前項でも話しましたが、足にトラブルがあっても、多少痛くても、合わなくても、結婚パーティの間だけはおしゃれに装いたい。そんなリクエストだってあります。

合わない靴を通勤用に使って、一日何時間も履くのはとてもお勧めできませんが、パーティの2～3時間の間だけ、思い切りオシャレな靴を楽しんでいただいて、その前後は履きやすい靴で移動していただく。そんな靴の使い分けを提案できるようになれば一番でしょう。そして何より、お客様の価値観に訴えるべきは、どこに優先順位をおいて考えるのかということです。

外反母趾もハンマー・トウも、合わない靴が引き起こすトラブルです。欧米人は一日の大半を靴を履いたまま過ごすので、靴選びには慎重です。それだけ靴が人体に及ぼす影響は大きいことを知っているからです。だとしたら…靴選びにおいて何が大切か、おわかりですね。

「一日の中で一番長く履いて過ごす靴こそ、大切に選ばなければならない。」ということです。日常使うものこそ、上質なものを。この考え方は、昨今、生活にまつわる価値観の主流になってきているように思います。

ただそこでいう「上質」が何を指し示すのかが、大切なのです。

高価な靴＝上質でしょうか。一理あります。

最先端のデザインが上質でしょうか。これも一理ある。

けれど、そのどれもが「上質」の一部の側面でしかありません。本当に大切なのは、健康に歩ける靴。足に合った靴。何十万円しようとも、履く人の足を傷めるようでは、その人にとっては無価値なのです。

だからこそ、これからの靴の販売員には「靴と足のプロ」であってほしい。そう思います。同じサイズの足をしていても、AさんとBさんとでは、履くべき靴は全く違います。

誰しも限られた予算の中で買い物をします。ハレの日のためのとっておきの一足に、何万もかけるのは、決しておかしなことではありません。店にとっても高額な商品が売れるのは喜ばしいことです。しかし、せっかくご縁のできたお客様をリピーターにするには、年に一度あるかなしかの「ハレの日」よりも、何てことのない日常、お客様の「ケの日」の靴をお買い上げいただくことも大切です。

「ハレの日」のために、少々足に合わないオシャレな靴をお買い上げいただいたら。

「ヒールの高さが少々、お辛いようです。階段などはくれぐれもお気をつけて。パーティの行き帰りはお車ですか？　電車ですか？　パーティの前後には歩きやすい靴をお履きになって、ここぞという時だけ、こちらの華やかな靴になさってくださいね」

私なら、心からのアドバイスをします。行き帰りに、ドレスごと着替えるのか、ドレスの上からコートなどを着て電車に乗るのなら、そのいでたちにぴったりで、もっと歩きやすい靴も一緒にご提案します。お客様の希望を叶えながら、それでも一番に健康と安全のためのアドバイスをする。確かな知識と経験に基づいた真摯なアドバイスができるなら、お客様はきっと販売員を信頼してくださるはずです。そしてもし

「またあなたから買いたいわ」と言っていただけたなら。

「普段お履きになる靴こそ、大切です。どうか次は普段の靴選びのお手伝いをさせ

てください」。

そのお客様にとっての「いい靴」が判断できる人になる。それがあなたのファンを増やすことでもあり、靴と同時に「あなた」を買ってもらう、ということにもなるのです。

日本人の足は変わってきた？

とはいえ、生活様式の変化に伴って、日本人の足は変わってきています。昔は男性も女性も『甲高・だん広』が日本人の足、と言われてきました。要するに甲が高くて幅も広い、ずんぐりむっくりした足、ということです。

しかし、靴の歴史と同様、日本人の生活様式も激しく変わってきました。

トイレは和式からほとんどが洋式に変わりました。都市部では和室やお座敷のある家も少ないでしょう。寝具は布団からベッドになりました。つまり日本人は生活の中で「床から起き上がる」「床から立ち上がる」回数が圧倒的に少なくなってきたのです。

正座をする機会も減りました。その結果、日本人の踵はどんどん、華奢になっていきました。正座の生活では、日常的に両方の踵にお尻が載り、体重がどん、とかかります。それがなくなれば、立っているときに体重がかかる以外、踵に大きな重さがかかることはないからです。さすがに家庭内で靴履きのまま、という生活様式には至っていませんが、若い人を中心に、足の形が欧米人並みにほっそりした人が増えているのは事実です。

さて、国産の靴は日本人の足を想定して作られています。その商品のターゲットとなる年齢層、サイズに合わせた原形をもとに作られていますが、美魔女に代表されるように、流行もファッションも、世代間の垣根が崩れつつあるのも事実。ファッションセンスに優れた人なら、20代、30代向けの靴でも履きこなしてしまうでしょう。

お客様方にはそんなシームレスなオシャレを楽しんでいただきたいと願う一方、ファッションセンスばかりを優先させて、身体に合った靴選びがおざなりにならないようにしたいものです。

ファッションはもともと、若者をターゲットに語られがちです。そしてそのファッションは、今やかなり細分化され、多様化しています。一口にカジュアル、といっても、その方向性は多岐にわたります。エスニックなのか、スポーティなのか、アバンギャルドなのか…。選択肢が増えた分、おしゃれのバリエーションも豊かになりました。若い人向きの靴が足に合わないからといって「私がもう歳だからなのね…」と落ち込むことはないのです。若い人向きのファッショナブルな靴の中にも選択肢はたくさんあります。ここで大切なことは、前項にも書いた通り、ご自分の足をよく知ること。信頼できるシューフィッターのいる店を見つけ、ぜひ計測してもらいましょう。自分の足のあるがままを知り、トラブルがあればそれを理解した上で、どんな靴が自分の足に合うのかをコンサルティングしてもらう。そして、いろいろな靴を履き比べてみて、フィッティングのチェックポイントを教わりましょう。

ぼんやりと靴に足を入れてみても、足が「入るか」「入らないか」で判断してしまいがちです。そうではなくて、靴のどこをチェックして、どの部分のフィット感を確かめればよいのか、試着のときのチェックポイントを教えてもらうのです。

昔ながらの日本人らしい足をした人も、欧米人なみのほっそりと厚みの少ない足をした人もいます。

いずれにしても、自分の足を知り、試着したときのチェックポイントが理解できていれば、健康的に歩ける靴が手に入るはずなのです。

フィッティングのチェックポイントはここ！

さて、いよいよお客様に靴をお勧めする段になったら、どうしましょうか。

私が現役だったころに心がけていたことを、ここに列記しますね。

お好みやニーズ、価格、足の計測など、お客様に関するあらゆる情報が揃ったところで、お勧めする靴を2、3足、選び出します。この時、お客様をお待たせしなくても「だったら、あれか、あれ」とすぐに浮かぶよう、店内の品揃えを把握しておくことが大切です。試し履きを2～3足に絞るのは、あまりにたくさんお持ちしても、かえって混乱させてしまうからです。

お客様をお待たせするときにも、ひと工夫が必要です。持参しようとする靴が別々のストックにあるなど、場所が離れているとき。お待たせしてしまいそうな場合は、まず椅子におかけいただいて、先に1、2足お持ちして説明します。「少し離れたところへ取りにまいりますので、先にこちらをお試しになっていただけませんか？」と。

販売員が靴を取りに行ったまま待ちぼうけでは、お客様も不安になってしまいます。

ストックヤードでは、できるだけ箱の中身を確認します。あわてて靴の左右を別の箱に戻していることがよくあるからです。左右揃っているか。サイズは合っているか。靴の裏や中は汚れていないか。傷や色ムラはないかをチェック。ときどき、箱を小脇にかかえて出てくる販売員を見かけますが、私は必ず、箱は横にしておへその前あたりで、両手でしっかり持つようにしていました。お客様にとっておきをお持ちする。きっと気に入っていただける、大切な靴。そんな思いからです。そして、複数をお持ちするときは一番上の箱のふたはストック内で取っておきます。どんなに急いでいても、お客様の視野に入るところからは歩調を緩めて。居酒屋じゃないんですから、バタバタと歩きながら「お待たせしましたー！」では失格です。

お客様の目の前にいきなりしゃがみ込むのではなく、きちんと立ち止まって「お待たせしました」と一礼。どんな動作も「ながら」にはしません。靴をお見せするときは、必ず両手で持って。価値を高めるように丁寧に。

いよいよ履いていただくときには、靴を揃えて出してしまうと履き辛いですから、そのままするっと足が入るように、それぞれの足の前に片方ずつ置きます。どうぞ、と

靴合わせのチェックポイント

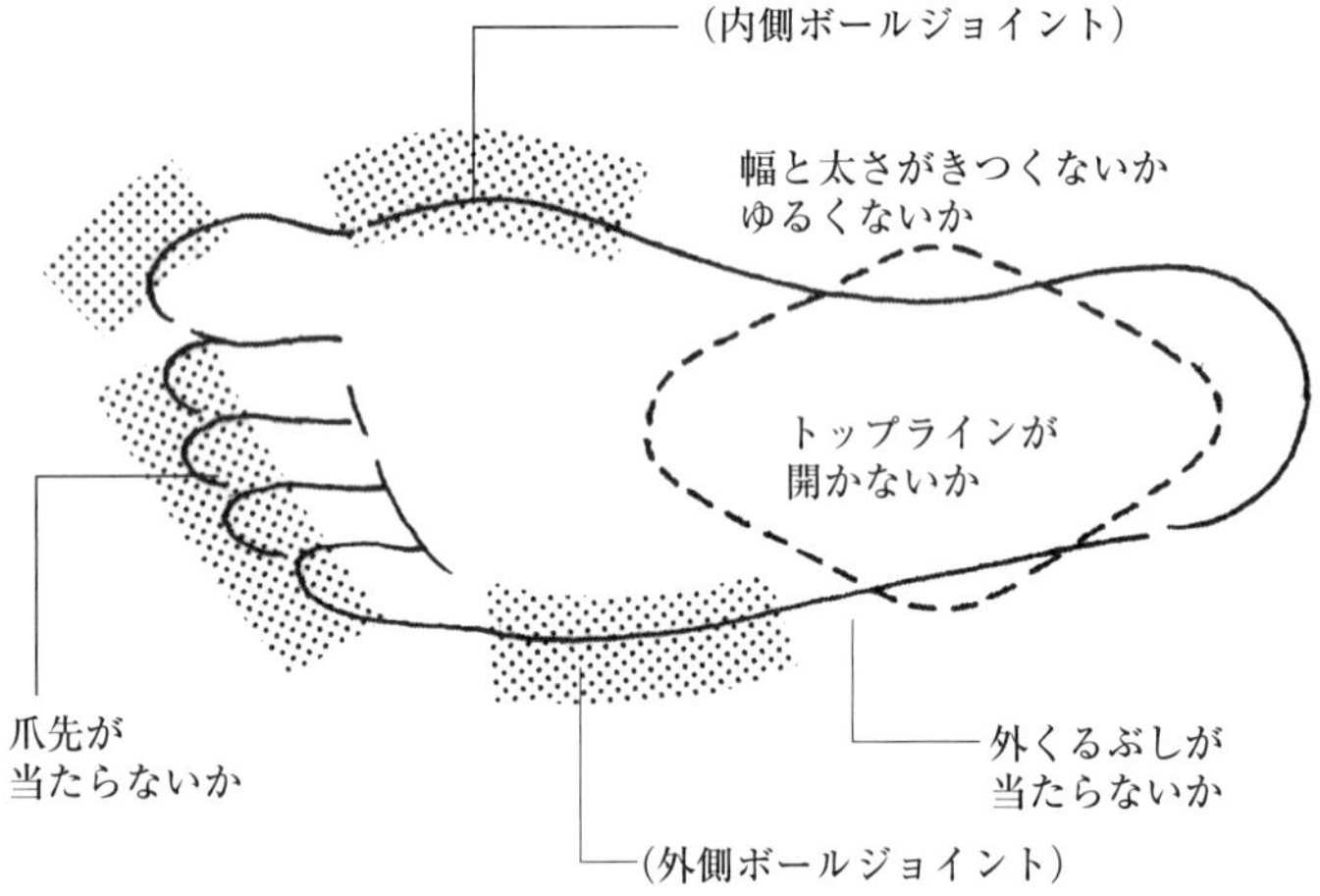
（内側ボールジョイント）
幅と太さがきつくないか
ゆるくないか
トップラインが
開かないか
爪先が
当たらないか
外くるぶしが
当たらないか
（外側ボールジョイント）

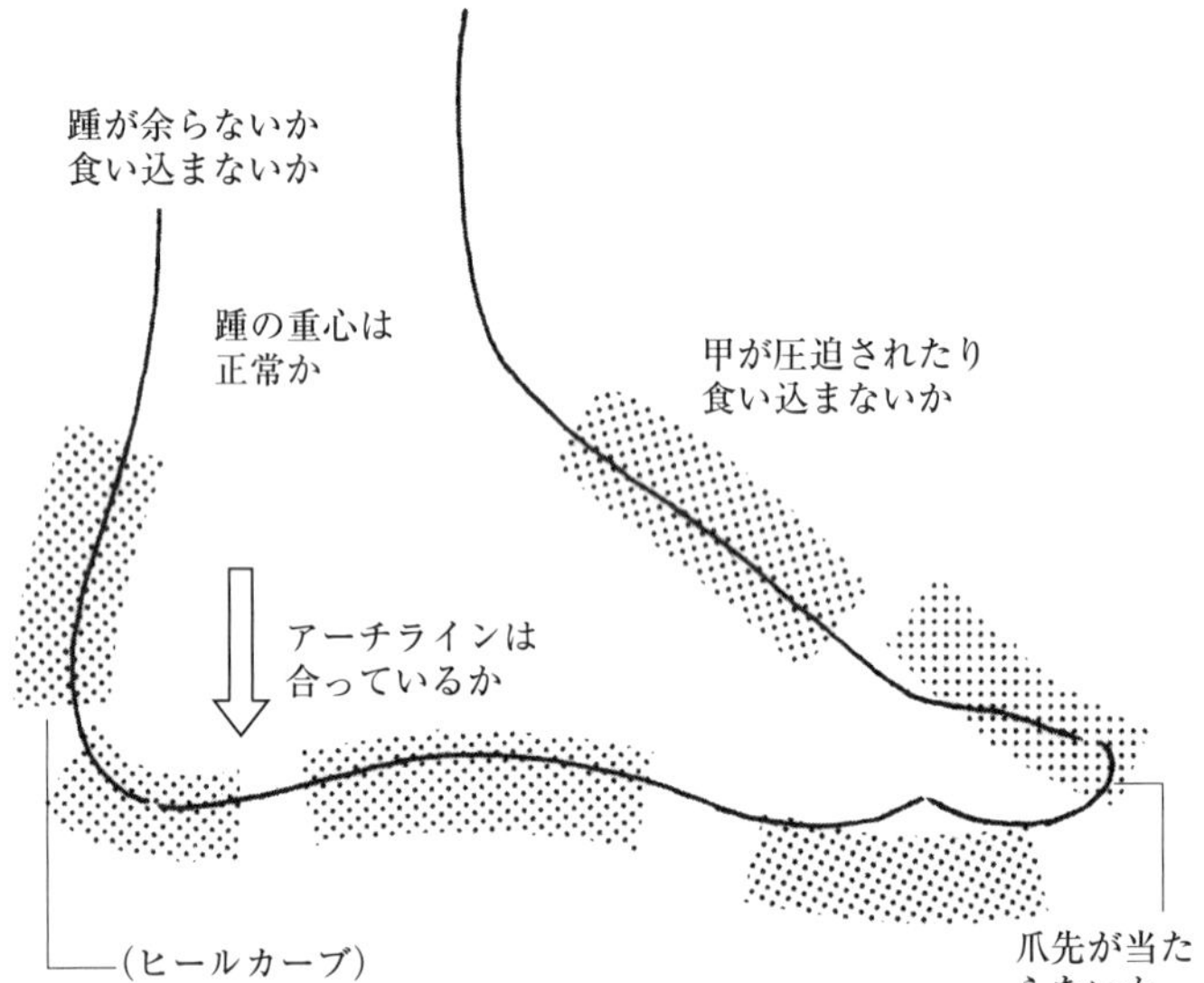
踵が余らないか
食い込まないか
踵の重心は
正常か
甲が圧迫されたり
食い込まないか
アーチラインは
合っているか
（ヒールカーブ）
爪先が当た
らないか

お声がけして、踵とつま先を押さえて差し上げると、お客様の足がぐらつかずに済みます。脱がせて差し上げるときも同様に、しっかりと踵を押さえて、足を抜きやすく。足や靴に手を触れるときは必ず「失礼します」と一声かけて。

履いてみた感想を伺うときも、「どうですか？」とは聞きません。

「踵はちゃんとついていますか？」

「靴の中で指は伸びていますか？」と、具体的に質問します。

さて、フィッティングのときのチェックポイントは次の通りです。シューフィッターや靴売り場の販売スタッフなら文字だけでも理解できるでしょう。読者の方がもし一般の消費者の方ならば、ぜひイラストと併せてご覧ください。

1. トップライン

靴の履き口のこと。履き口が足の回りに食い込んだり、浮いたりせずに合っているか。また、私たちはよく「笑う」という言い方をしましたが、履き口がひし形に変形してトップラインが開いてしまっていないかをチェックします。

2. くるぶし

実際、立ってみて（体重をかけて）歩いていただいてチェックするのがくるぶしです。トップラインがくるぶしに当たっていないかどうかを見ます。

3. 踵

踵も、立って歩いてみていただいて確認します。踵のカーブと足のカーブが合っているか。踵のカーブが深すぎると足に食い込みますし、浅すぎるとカパカパと脱げやすくなります。

4. 土踏まず

靴のアーチに土踏まずがきちんと乗っているかどうかを見ます。特にヒールの高い靴ではここが重要なポイントです。甲の部分に何の支えもない、プレーンパンプスは特にそうでしょう。足と靴の土踏まずが合っていないハイヒールでは、立った時、足は前へと動きます。どんどん前へと滑って、つま先が詰まり続けると、ハンマー・トウなどのトラブルの原因になります。足の土踏まずのアーチに靴のアーチがフィットしていれば、まるで靴が足に吸い付いてくるような履き心地を覚えるはずです。

5. つま先

お客様の爪の状態も含めて、確認します。指がきちんと伸びているか。爪の高さは十分とれているか（靴に爪が押されていないか）。指が動くかどうか。それを確認するために、靴の上から爪を押す人がいますが、それはNG。押しながら「痛くないですか？」という人までいますが、そんなことをされれば痛いに決まっていますし、靴にも傷がつきます。確かめるには、靴の上に指先を並べて置き、体温が伝わるようにしてすっと下げて、手の指の感触で確かめます。

6．ボールジョイント部（母趾と小趾の付け根部分）

この部分がゆるすぎないかどうかをチェックします。パンプスの場合は、ややきついかな、という程度がベストです。

7．甲

深いデザインの靴は、甲が圧迫されていないかを見ます。また、甲の部分はウエスト部といい、ひも靴なら締めつけても大丈夫なところです。ここをしっかり締めておけば、靴の中で足が前に動くことはありません。

さて、ここで難しいのが子ども靴。大人と違ってフィッティングが難しいのです。子どもは自分の感じていることを上手に言葉にできないことが多く、「どう？痛い？」

「履ける？ どう？」と親がせっつくように尋ねている場面によく遭遇します。子どもは何といって返事したらいいかわからず、困り顔で首をかしげていたりします。

　また、後にお話をしますが、子どもの足は関節が固まり切っていません。誤解を恐れずにいうなら「ふにゃふにゃ」の状態です。柔らかいがために、少々きつい靴でも、すんなり履けてしまうこともあります。

　子ども靴を買う場合は、大人が慎重にフィッティングさせてあげて、見極めてあげる必要があります。

良い子供靴のチェック・ポイント

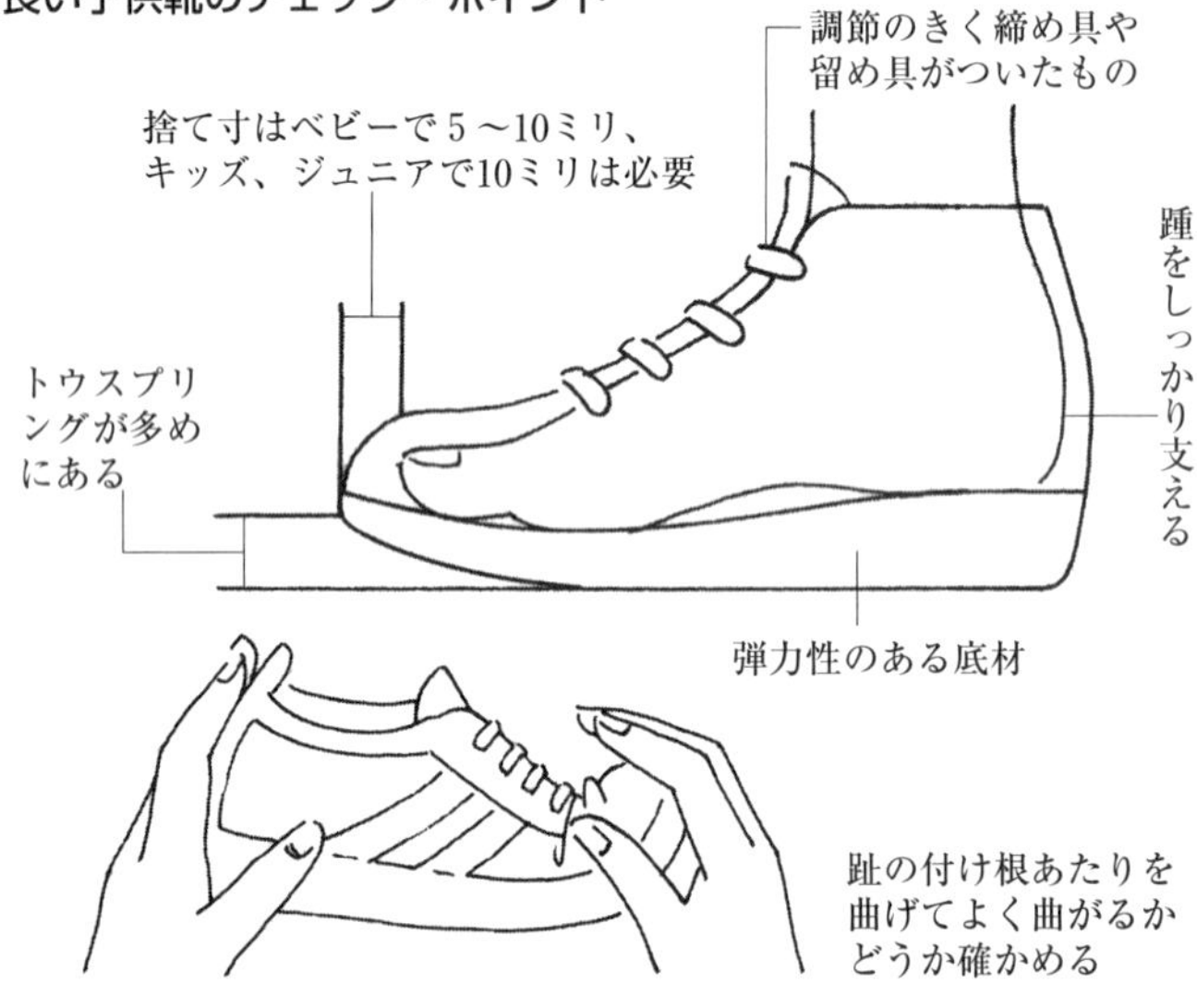

鏡にはお客様の「本音」が映る

フィッティングが済んだら、鏡で全身をチェックします。この時心がけるのは「よろしかったらお鏡まで…」ではなく「お鏡まで歩いていただけますか」ということです。

なぜなら、歩く姿を見て、チェックしたいことがたくさんあるから。

前項で紹介した、踵やくるぶしの様子はこの時チェックしましょう。歩き方はどうでしょう。ご自分の靴で店に入って来られた時と、どう違うでしょう。痛そうにしていたり、歩きにくそうにしていることはありませんか？

お客様を鏡へと促して、お客様が椅子から立ち上がったら、私も一緒に立ち上がります。お客様の表情や動きをよく見るためです。お客様が鏡の前に立たれたら、自分は一緒に映らないようにします。鏡はお客様だけのものなのです。

さて、鏡に映ったお客様は？あるいは鏡を見ているお客様は？どんな様子ですか？笑顔ですか？不安そうですか？

次にチェックしたいのは全身のバランスです。スカートやパンツなど、ボトムスの長さとヒールの高さはどうでしょう。身長とヒール高のバランスは？ 色のバランスは？

その日のファッションに合わせた靴をお求めとは限りませんから、どんな目的で、何と合わせたいと思っていらっしゃるのか、しっかりリサーチして確認します。着ている服が当日のものと違っていても、ご本人の雰囲気やお好みに合っていそうかどうかは、ある程度判断がつくものです。

そしてもうひとつ、鏡が映し出すのがお客様の満足度です。満足していらっしゃれば、間違いなく顔はまっすぐ、鏡を見ています。似合うわ、素敵だわ、と思いながら、うっとりと鏡の中の自分を見つめているはずです。気に入らなければ、こちらの問いかけにも歯切れが悪く、目線は下に下がりがちになります。そんな時は「何かお気になるところがございますか？」と尋ねます。「色がもうちょっと明るい方がいいかしら」「ヒールの高さが…」など、具体的なご希望が出てくれれば、それに応じた商品をご提案できるのです。

よい靴にめぐり合うまで…デメリットも明確に

靴は販売するのが難しい商品だ、とお伝えしました。人の足は左右違って当たり前。朝・昼・晩でも変化するものです。ちょっとした体調の変化でも変わってしまうデリケートな足に合わせるのですから、あらゆるデメリットを伴う商品でもあります。そのため、「売れる販売員」になるためにはできるだけ正しい知識を持ち、デメリットは必ず、誠実にお客様にお伝えすること。そうして信頼を勝ち取り、お付き合いが続くことで「正解」率も上がっていきます。

お客様の側からすれば、商品知識、足の健康の知識がきちんとあって、ファッションセンスも良くて、デメリットもきちんと説明してくれる販売員に出会えれば、お買い物を重ねるごとに、より自分の足に合った「正解」の靴に近づける、というわけです。

デメリットは大きく分けると2つ。ひとつは痛みに関すること、もうひとつは靴を履く上での注意点です。例えば痛みについて言えば、

「この靴ですと、ここと、ここで足に負担がかかるようです。痛みを感じることもあろうかと存じますが、いかがしましょうか」

「爪が当たっていますので、巻き爪になりやすいかと思われます。いま、痛いと思われるようでしたら控えた方がよろしいかもしれませんね」

といった具合です。

あらかじめデメリットをお伝えして、後の判断はお客様にゆだねます。その上でお客様が購入されるのであれば、

「もし後からそのような状態になったときは、ご相談くださいね」

とフォローを差し伸べます。不安なままにしないこと。それも大切なポイントです。

靴を履く上での注意点は、高級ブランドの靴になるほど、多いといえるかもしれません。

デリケートで繊細な素材やデザインであることが多く、雨や汗で色落ちしやすいのです。中には一度の雨でデザインに障りが出て、履けなくなるものもあるほどです。

雨に弱いことをお買い上げ時に説明しておかないと、「高い靴を買ったのに、どうしてくれるの」というクレームにつながりかねません。また、イタリア製の靴など、革

底のものは美しく見せるために仕上げに色が塗られていることもあります。が、その色は履きおろしたその日には、落ちてしまいます。ご存知でないお客様は、びっくりして粗悪品だと勘違いされることもあります。こうしたデメリットは、商品をきちんと理解していればお伝えできるものばかりです。お包みしてお渡しする際、「この点だけはお気をつけくださいね」の一言を添えましょう。最初からお伝えしておけば、場合によっては「そんなに気を遣う商品なら、買わないわ」ということもあるかもしれません。残念ですが、その場合は別の商品をお勧めしましょう。お買い上げいただいてからクレームになるよりは、はるかにマシです。

インポートシューズと国産シューズ

かつて、靴は靴専門店で買うものでした。やがて百貨店の靴売り場がどんどん拡大するようになり、今や洋服を売るお店でも靴を扱っています。郊外へ行けば量販店があったりしますし、中には家電量販店の一角にシューズコーナーがあることも！　靴の売られ方が多様化するにつれて、それぞれの靴の出自も、多様化しています。

私が現役で百貨店の売り場に立っていたころは海外のファッションブランドの靴もよく扱っていました。その中でも国産メーカーがライセンス生産するものと、海外から直接買い付けた、本当の輸入シューズの2種類がありました。今もその事情は基本的に変わりません。また、ファッション誌などがこぞって靴デザイナーに注目したおかげで、カリスマ的な人気を誇る靴デザイナーも少なくありません。

ドラマで女優さんがさっそうと履きこなす、高さ10㎝のハイヒール。コートを翻し、カツカツと靴音高く闊歩するさまは、それはそれはしびれるほどカッコイイものです。なにしろ女優さんもモデルさんも、憧れさせるのが彼女たちのお仕事です。そこに採用された靴も即座にブランドやデザインが特定され、雑誌やネットをにぎわせます。放映の数日後には、お店に「あれと同じ靴ください！」というお客様が現れるというわけです。

しかし、ここでもちょっと待って、と言いたいのです。

まず、モデルや女優さんは、そうしたハイヒールを履いて美しく歩く訓練を受けています。ウォーキングのレッスンを受け、少々無理な体勢でも美しく歩けるだけの筋肉も備えています。そして何より、ドラマの中ではまるで一日中そのハイヒールを履いているかのように演出されています。が、実際にはそのシーンの撮影中しか履いていないのが当然なのです。

本来、8cm、10cmといったハイヒールは、歩くための靴ではありません。女性の足を美しく見せ、パーティシーンなどで輝くためのもの。いくら収入のある女性でも、それを履いて通勤したり、仕事をしたりするものではありません。

ところが日本は、その靴のルックスと流行だけを取り入れてしまいました。移動は車が中心でほとんど歩かない時の靴。あるいはパーティの間だけの華やかなハイヒール。それを映画やドラマでヒロインがさっそうと履いて見せたことで、「普段からあんなハイヒールを履いてるんだ」と誤解したまま取り入れてしまったのです。

靴には用途、目的、TPOというものがあります。それを正しく理解して、お客様に伝えるのも販売員の仕事のひとつ。「インポートシューズだから」「おしゃれだから」「流行っているから」ではなく、その方の「足」と「目的」に「合っているから」お勧めする。そんな姿勢を貫きたいものだと思います。

デキる販売員は「基礎」と「トレンド」に明るい

ファッションにはTPOというものがあります。誰しも「入学式にジーンズではいかない」し、「お葬式に白やピンクは着ない」でしょう。それがドレスコード、服装上のマナーというものです。

しかしドレスコードはそんなに単純なものではありません。フォーマルな場面では、午前か午後かで着るべき服の素材や着丈も違いますし、厳密にいえばネックレスの長ささえ異なります。

靴にだって、れっきとしたTPOはあります。前章でも書きましたが、ミュールはどんなに装飾的でおしゃれで繊細でも、基本は室内履き。国賓レベルの晩餐会などにミュールを履いて現れたら、国際社会では笑われかねません。

「今のところ、宮中晩さん会に呼ばれる予定はなさそう」とか「今時そんなこと、気にする人もいないわよ」とおっしゃるかもしれません。しかし、日本にいるとついつい見過ごしがちですが、欧米、とくにヨーロッパではそうした「古臭い」常識が生きていることもあります。

都市部の大型ホテルなどでは海外からのゲストもたくさん行き交います。そんな場面で、知らず知らず、恥ずかしい思いをしていないとも限りません。まして2020年の東京五輪は、もうすぐそこです。

そこで、頼りになるのが靴のプロ。シューフィッターであり、靴についてカウンセリングのできる販売員なのです。

そんな販売員になるにはどうするのか。まずはフォーマルのドレスコードをしっかり勉強することです。その上で、今のトレンドを押さえておく。守るべき基本と流行の両面が理解できていれば、「マナーを外れない範囲での」オシャレが提案できるはず。ぜひ引き出しの多い販売員になって、あなたのファンを増やしてください。そしてお客様は、積極的に販売員に関わってみて、知識豊富で親身になってコンサルティングしてくれる、靴選びのパートナーを、ぜひ探してみていただければと思います。

百貨店が『フルオーダー』をやめたわけ

かつて百貨店といえば、高級品を販売するところでした。その側面は今も変わっていませんが、「ハレ」と「ケ」の境目があいまいになってきた昨今、むしろ「上質な日常」を演出する百貨店が増えています。

さて、高級品の最たるものといえば、フルオーダーでしょう。呉服もジュエリーもそうです。洋服だって「お誂え」といって、オーダーして仕立てるのが本当の贅沢です。ファッション用語でいえば「オートクチュール」がフルオーダー。既製品は「プレタポルテ」です。

もちろん、靴にもフルオーダーはあります。朝と夜とでサイズも形も変わるのが人の足。わずか1、2年の間でも変化します。そんな、あやふやな足に履く靴ですから、24時間、常にぴったりフィットするわけがありません。初めはフィットしていても、使い続けるうちに形が崩れることだってあります。高額なフルオーダーの靴なのに、合わない・痛い、といったトラブルになればクレームにだってなるでしょう。

足も変化しやすい。靴も変化しやすい。そんなセンシティブな商材、売る側も買う側もしっかり学んで、理解して、納得してお取引しないとクレームの嵐になってしまいます。靴に「絶対」という言葉は使えません。そして常に完璧なご満足を提供したいのが百貨店です。

百貨店が『フルオーダー』をやめてしまった理由が、ここにあります。

もうひとつ、かつては存在していたフルオーダーをやめてしまったわけがあるとしたら、それは百貨店とお客様のかかわり方の変化にあるでしょう。昔の呉服商は、お得意様商売でした。御用聞き（営業マンですね）は反物を持ってお得意様の自宅を訪問します。着物も帯も、反物を広げながら、手持ちの着物とのコーディネートを考えながら、相談して注文したものです。御用聞きはお得意様の状況をよく知っていて、家族構成や年齢、暮らし向きのことを理解しています。お客様のことをよく知っているからこそ、無理な商いはしない。似合わない・ふさわしくない品物は勧めない。その信頼関係があってこそ、長年の関係が継続し、クレームも少ないのです。

かつては百貨店もそうでした。日本の百貨店の多くは、前身が呉服商なのもうなずけます。しかし今は、もっとドライで即物的な関係です。それではセンシティブな靴を、まして高額なオーダーでなどお引き受けできません。

しかし、私は今こそこのスタイルに回帰すべきでは、と考えています。お宅に伺ってオーダーを受ける、というんじゃありません。自動販売機から買うように靴を買うんじゃなくて、販売員とお客様が「おなじみさん」「常連さん」としてつながること。販売員がお客様の足をよく知り、理解して販売すれば、センシティブで難しい靴でも、喜んで買っていただけるはず。

扱っているのはフルオーダーの靴でなくても。その靴は唯一無二、そのお客様のためにある、そう言い切れるほど厳選してお勧めする。それこそが靴という難しい商品のプロだといえるのです。

●コラム

ベストなヒールの高さ

本章で靴のフィッティングのチェックポイントについて解説した中で「身長に対してヒール高のバランスはとれているか」とお伝えしました。

さて、世の中にはあらゆるヒール高のパンプスがありますが、自分にちょうどいい高さはどうしたらわかるのでしょう。

女性の方で、ハイヒールで歩いた経験のある方ならお判りでしょう。ハイヒールって、歩きやすいですか？　答えはＮｏですね。不安定だし、足の筋肉は常に緊張状態。慣れないと足元が不安で、どうしても歩幅も狭くなります。モデルや女優のようにさっそうと歩く＝大股で歩くのは、訓練を受けた慣れた人だけです。

それでも、と無理をして歩こうとすると、どうなるか。高いヒールが地面に引っ掛かりやすいですから、足を上げねばなりません。つまり、膝を持ち上げて歩かねばならないのです。慣れない、訓練のできていない人間がそれをやると、どうしてもヒョコヒョコとした歩き姿になってしまいます。普段の歩行とは違う分、足全体に無理がかかります。筋肉も疲れ、痛みます。それをかばって歩けば、ますますヒョコヒョコと。エレガンスには程遠い姿です。

身長が何cmだからヒール何cm、という法則があるわけではありません。背の低い人が少しでも身長をカバーしようと高いヒール靴を履く。逆に背の高い人が、少しでも低い靴を履こうとする。いずれもその心理はわかりますが、問題は履いて歩いた時にどうなるか。スムーズな歩行ができて危険がなく、自然な笑顔になれる高さはどのぐらいでしょう。それは履く人の身長や体格によっても変化します。

全身を鏡に映して、歩く姿をチェックして、最も似合うヒールの高さはどのぐらいか。筋肉のつき方や、ヒールへの慣れの度合いによっても違うでしょう。

ヒールの高い靴が欲しいときは、販売員に相談してみましょう。

どんな目的でどんなデザインが欲しいのか。どんな服に合わせたいのか。

普段どの程度のヒールを履いているのか。足の状況と希望を確認した上で、ベストな一足を、きっと勧めてくれるはずです。

第４章

これからの「靴」の売り方・買い方

私の人生、まさに靴とともにありました。寝ても覚めても、足、靴、そして売り場。私自身、靴を履いて生活してきたユーザーでもあります。少女時代、学生時代、就職、結婚、出産、子育て、復職…。女性として、職業人として、母として、あらゆる人生のステージを「歩いて」きたわけですが、あらためて思い返すと、その時々で靴とのかかわり方が変化していたな、と気づかされます。人間の身体は、一生の間にさまざまに変化します。特に女性はそれが顕著でしょう。社会でのポジションもライフスタイルも変化しますし、社会そのものも変わりますよね。そんな中、常にその人の人生に寄り添い続け、しっかりと足元を支えてくれるのが靴なのです。

最後となるこの章では、自分自身の「靴を履く」経験を通して感じたこと、学んだことを通して後に活かせるであろう話題をまとめてみたいと思います。

これから先、いったいどんな世の中が待っているのかわかりません。しかし、人間が「靴を履かない」日が来るとは、到底思えません。どんなに技術や文化が変わっても、人の身体や生理は不変です。であれば、靴が人々の健康に大きくかかわり続けることにも、変わりはないはず。時代の流れの中で、健康に寄与する靴。美しく、オシャレで、心を軽やかにしてくれる靴。そんな靴を売る仕事は、今以上に大切になるはずだと思っています。

9歳の孫を見ていて思うこと

がむしゃらに走り続けて、何年経ったでしょう。仕事に育児に奔走して、気がつけば孫ができていました。なんだかあっという間でしたし、自分が「おばあちゃん」だなんて！とも思います。

孫娘は現在小学4年生。もうこの歳でファッション誌を眺めているのだから恐れ入ります。ほんの幼いころは何を買うにも「ピンク！」という子でした。なんでもかんでも（もちろん靴も）ピンク一辺倒だった彼女が、4歳のときに「ピンクはもう飽きたから、グリーンがいい」と言い出したのには仰天しました。たった4歳で「もう飽きた」って…とあきれる一方で、色に対する感性が確実に変化しているのだと実感したのです。

色にまつわる感覚（視覚）は、味覚同様、個々人の官能評価です。見え方に個人差があるのはもちろん、見えたものを「どう感じるか」にも個人差はあるでしょう。

いわゆる「ピンク」を派手、と思う人。同じピンクを「若々しい」「華やか」「イキイキしている」「優しい」と思う人。受け止め方はそれぞれですよね。

よく「私には派手だから」とか「若い人の着る色でしょ」などとおっしゃる方がいらっしゃいます。それって、誰が決めたんでしょう？　ランドセルもそう。私が若いころは、女の子は赤、男の子は黒、が標準でした。それも、いったい誰が決めたんでしょう。今ではピンク、パープル、グリーン、スカイブルー…実にさまざまな色のランドセルがあるようです。男の子は黒やブルー、女の子は赤やピンク。そんな「お仕着せ」が、幼いころからの日本人の感性に影響してしまうのはあまりにももったいないですよね。

それでも、幼い子供たちは女の子であればピンクのドレスや靴をほしがります。それはアニメなどで見るお姫様やヒロインが、そうした色の衣装を身に着けているからでしょう。あんな風になりたい＝同化したい、というのが憧れの第一歩ですから、それが自動的に自分の「好きな色」になってしまうのも、やむを得ないかもしれません。

そんな華やかな色は、そこに置いて、眺めて、愛でる分にはすばらしいかもしれません。では、身に着ける色はどうしたらいいのでしょうか。誰が見ても「きれいな」

ピンクは、人目を引く色ではありますが、誰にでも似合う色ではありません。もちろん「誰にでも似合う色」なんていう色も、ありません。

そこで大切なのは「きれいな色」であることよりも、「身に着けた人を輝かせる色」であることだと、私は思います。

靴も同様です。ヒールが高くて、しゃれていて、スタイリッシュな靴。そんな靴を雑誌で見かけたとしても、それがその人に合うでしょうか？　服も靴も、置いて眺めて愛でるものではありません。身に着けるものです。靴には体重がかかります。歩けば足に負担もかかります。そして、歩きやすい靴、足にフィットする靴は、人それぞれに違うことは、もうお判りでしょう。

さらに言えば、履きやすく、歩きやすい靴は人の身体に負担をかけません。それがおしゃれでスタイリッシュなら、さらに自信が持てます。そういう靴を身に着けた人は、自然と歩幅が大きくなり、姿勢が良くなり、表情が明るく、顔を上げて歩くようになります。その逆もあり得ます。置いてあるときがどんなに美しい靴でも、足に合わない・歩きにくい、では、人の表情は曇ります。堂々と歩けませんし、姿勢も悪くなります。当然、身体にも悪影響です。

どんな靴が「自分を輝かせるのか」。消費者自身が靴について学び、自分に合った靴を知ることがこれからの時代、大切なのだと思います。そのためにも、消費者を導ける販売員が求められているのだと思うのです。

シニアになってわかったこと

販売員として売り場に立っていたころ、ずいぶんと大勢の「シニア世代」のお客様を担当してきました。足について学んだ教科書には『65歳を過ぎると足の裏の脂肪がおちて、扁平になる傾向がある』とありました。学んで得た知識として、私もお客様に「お歳を召すと、このような変化がありますよ」とご案内していたものですが、いざ自分がその年代にさしかかって、「そうか、こういうことだったのか！」と実感することも増えてきたのです。実際、その立場になってみないとわからないことは、世の中にいっぱいあります。まして、身体の感覚に関することは個人差もありますし、なかなか当事者意識を持つのは難しいものですよね。

しかし、長年続けてきたおかげで、「知識」と「経験」の答え合わせができるようになってきました。立って歩ける間は靴は履くもの。そう考えたら、いくつになっても、身に付けた知識も経験も無駄にはならない。誰かのお役に立てる。そう思うと幸せな気持ちになります。

「知識」と「経験」について、もうひとつ、確認したことがあります。

私事で恐縮ですが、先日、ひょんなことから全身の骨の検査をしてもらったんです。コトの始まりは歯のトラブルだったんですが、うっかり刺さった魚の骨のせいで高価だったインプラントが一本ダメになって…。そのこと自体ショックでしたが、かかりつけの先生から「年齢も年齢だし、全身の骨の検査もしておいたほうがいいですよ」と勧められたのです。結論から言うと、全身健康そのもの。ありがたいことです。その中でも、どうしても職業柄、足の骨は気になりました。スポーツクラブでヨガをしていても、どうも左脚の開きが良くないな、という自覚もありました。検査の結果、ほんの少しだけ左の股関節にズレが見つかりました。シューフィッターですから自分の足に合う靴を選んで履いてきましたが、そんな私でも年齢に応じてこうしたトラブルが出るのです。足に合わない靴を履き続けていれば、もっと若い年齢で股関節のズレが生じます。股関節が全身の姿勢を支え、歩行を支えます。それが若いうちにゆがむと、骨格が崩れます。若くして骨格が崩れれば、それだけ長い時間、崩れた身体と付き合うことになりますよね。我ながら「この年齢でこの程度のズレでおさまっていたのは本当によかった」「正しい靴選びのおかげだった」と実感した瞬間でした。

逆にいえば、正しい靴を選んでいてさえ、この程度のズレは生じるものなのだ、とも言えます。おかげさまで、歩くのに痛い・辛いはありません（数年前、ひどい捻挫をした後遺症はありますが）。私は自分の身をもって、靴選びの大切さを実感・証明したのです。

とはいえ、教科書どおり、私の足はシニアの足へと変化を遂げています。そうやって実感した「足の変化」。それをどう扱いましょうか。「ああ、もう歳ね…」とあきらめるのか。この変化は私にとって、むしろ若いころに得た知識を裏付ける体験になりました。自らの体験ですから、説得力があります。説得力のある言葉で、若い人たちに「シニアの足」と「シニアの足にふさわしい靴」についてお話できると思うのです。

足と靴については、まだまだ、世の中に知られていないことがたくさんあります。自分自身も含めて、いつまでも元気に歩き続けるために。シニア世代の健康寿命を延ばすために、お役に立てたら嬉しいと思うのです。

思い込みが人を歩けなくさせる

シニアになってみて、もうひとつ、思い出したことがあります。数多くのお客様と接してきて、印象深いエピソードは山ほどありますが、特に強く思い出されるのが、北海道のとあるご夫婦です。

北海道で『シューフィッターによる靴選び』というテーマで講演したときのこと。その講演を聴いたある男性が、私に声をかけて来られました。

「妻がお医者様から『あなたの足の痛みは治らない』と診断されて、家に引きこもりになってしまった。あんなに元気だったのに、どうにかしてあげたい」

そう思っているときに、たまたま私の話を聴いたのだとか。どうか妻の足を見てやってほしい、とのご依頼でした。

「私は明日まで北海道に居りますので、是非いらしてください」とお伝えしました。

はたしてその翌日。男性は奥様をお連れになりました。さて、医師からそんな宣告を受けたのはどんな足だろうかと見てみると、何のことはない、開帳足でした。足の横アーチが下がってしまったために足の裏に痛みが出ていたようなのです。診断をしたお医者様は「歳のせいだから仕方のないこと」「大した原因によるものではないが、これはもう治らない」と説明したらしいこともわかりました。

「歳だから仕方がない」。本当にそうでしょうか。もちろん、年齢を重ねれば体力も抵抗力も落ちますし、運動能力にも劇的な変化はあります。しかし、起きていることを詳細に分析することなく「歳」で片づけてしまってよいものでしょうか。医師の側は「歳だから」で片づけたつもりでも、言われた側は大変なショックを受けてしまったのです。足の痛みはもう改善されることもない。私の足はもう治らない。歩けない。そんな絶望感にうちのめされ、家に閉じこもってしまわれたのです。

そこで私は「年齢を重ねれば誰の足にも起こりうる変化である」ことをお伝えし、私の足もお見せして「病気ではない」「対処法はある」と説明しました。その時、そのお店には開帳足に対応できる靴の種類が少なかったため、満足いくコンサルティングができませんでした。そこで東京に戻ってすぐ、5足ほど選んで北海道の店に送ったのです。北海道のシューフィッターに、その先の接客を託しておきましたので、何とか、お客様の足に負担がかからない靴を販売することができました。

後日、そのお客様から東京の私のところへお礼状が届きました。奥様はすっかり元気を取り戻して、仕事で東京へも行けるようになったとのこと。この知らせには私自身、我がことのように嬉しかったのを覚えています。

お医者様の何気ない一言で、病気ではないのに落ち込んでしまう人がいます。心がくじけてしまって、外出やウォーキングに積極的になれずに引きこもってしまう人も。それではその先の人生があまりにももったいないと思いませんか？扁平足も開帳足も、年齢を重ねれば誰にでも起こりうるトラブルです。加齢と共に身体や心がどう変わっていくのか、それを理解する前にあきらめてしまう人を減らしたい！と思うのです。

その年齢になってみないとわからないことは、もちろんたくさんあります。しかし、シューフィッターや靴の販売スタッフならば、そんなシニアの心に寄り添って、正しい知識を伝え、靴選びで問題解決のお役に立てるはずだと思うのです。

ドイツ人が驚いた、日本人の赤ちゃん靴

前の章でもご説明しましたが、足の健康と靴について学ぶために、ドイツの「オーソペディシューマイスター」の勉強をしました。ドイツ人講師につき、実際、ドイツの学校にも通いました。

そんなドイツの人たちが、日本のある光景を見て驚いたことがあります。それはベビーカーに赤ちゃんを乗せて歩いている若いお母さんを見たときです。

「外に出るのに、靴を履かせないの?」と言うのです。

ベビーカーに乗せられているのは、生まれて間もない赤ちゃん。まだ歩くことはおろか、立てるかどうかもあやしいほど小さなお子さんです。それを見た彼らは「外へ行くのに靴で足を守らないなんて!」と憤慨します。「ベビーカーなんて、危険な乗り物なのに」と。ベビーカー=危険、とは、日本人なら考えませんよね?もちろん日本でも欧米でも、ベビーカーには厳しい基準が設けられていますが、それでもなお彼らは「危険な乗り物だ」というのです。ここで彼らが指摘しているのはベビーカーの

安全性うんぬんではなく、どんなものにも「絶対はない」ということなのだと思います。「絶対に安全」とは言えないものに乗っている以上、歩けない赤ちゃんであっても大切な足は保護するべきだ、という考え方です。彼らの考え方では
・物心つく前から靴を履かせて、まだ骨格も関節も固まっていない、ふにゃふにゃの足をしっかり守ること。
・神経の集中した足先に靴を履かせることで、脳にしっかりと靴の存在を学ばせるべきである。
　ということなのです。幼い脳が靴の存在を認識して、正しいバランスで歩けるようになることで、脳の成長も活性化されるという発想です。そうした視点からみると、今、日本の多くの小学校で採用されている『上履き』は、靴としての役割を果たしているとはとても言えません。靴そのものがふにゃふにゃと頼りなく、足と体重を支えられるだけの強さはどこにもありません。足首もホールドされていないので、足を守る・足首を支える、といった、子どもの足にとって必要な要素もどこにもありません。これでは少し底の厚い靴下だけで外を歩いているようなもの。ドイツ人の言う「足を守っている」ことには到底なりませんよね。成長期の、やわらかい子どもの足。全身

のうち、もっともたくさんの骨が集中しているのが、くるぶしから下です。片足で26個（両足で52個）。全身の骨が２０６個あるうち、１／４が足に集中しているのです。学童が一日の大半を履いて過ごす上履きは、骨の成長を正しく支えるべきものなのに…。孫娘が生まれ、育ち、歩きはじめ、小学校に上がり…そのプロセスを横で見ながら、改めて「子どもたちの靴もなんとかしなきゃ！」と思うようになりました。私の幼いころ、そして私が幼い娘を育てていたころ、そして孫娘。社会の状況はどんどん変わっています。今、自然回帰を謳って、はだし保育を奨励している保育園や幼稚園もあると聞きますが、私が子どものころと今とでは、子どもたちがはだしで歩く地面の状況が違います。アスファルトやコンクリートは、はだしで歩くにはあまりに過酷な環境です。「園庭は土むき出しです」とおっしゃるかもしれませんが、それはカチカチに固められ、整地された園庭でしょう。昔のように、雨上がりには水たまりやぬかるみができたり、掘り起こされてふわふわだったり、雑草が生い茂っていたり…硬さも状態も多彩だった地面は、今、日常にはありません。そんな、足にとっては危険極まりない環境ではだし保育を推奨するなんて、欧米の足の専門家から見たらナンセンスです。「高齢社会で少子化が深刻化」しているというのならば、なおのこと、幼い人たちを大切に育てなくては。そして、少子化がV字回復できるように努めるのが、今、子育てをしている世代の急務です。靴選びや足にまつわる知識を広められるのも、私たちシューフィッターなのです。

中国の靴市場で経験したこと

今から3年前のこと。中国の靴ブランドから招へいされて、シューフィッティングと接客の研修をするために成都（四川省）を訪れたことがありました。

私が以前出した本が中国語に翻訳され、それを読んだブランドオーナーが是非にと呼んでくださったのです。

そこでの経験は驚きにあふれていました。

ブランドオーナーは女性でした。ご両親が靴工場を持っている家のお嬢様。ご自身が小柄なため、パーティでチャイナドレスをすっきり着こなすにはハイヒールを履かねばならない。けれど自分に合ったハイヒールがなかなか見つからない。そんな悩みから、自分のブランドを立ち上げたという人です。現在の中国経済の発展をそのまま体現したかのようなお話でした。

そのブランドでは、最上級の素材を取り寄せてデザイナーにはイタリア人を起用。洗練されたデザインに上質な素材、手仕事で仕上げられた靴は、それはそれは素晴らしい高級品でした。

行ってみてまず驚いたのは、販売スタッフもお客様も日本とは何もかも違っていたことです。

まずはスタッフに日本式のマナーを教えることから研修は始まりました。お辞儀どころか、彼らにはひざまずいてお客様の試着に手を添えることすらなかったのです。一足で十数万円するほどの靴を売っているにも関わらず、です。ですが、それは「中国の人はマナーがなっていない」という話ではありません。すべては価値観と習慣の違いからくるものなのです。

日本からシューフィッターが来るとあって、初日はスタッフの研修、二日目はお得意様を招待して私がフィッティングして差し上げる、という段取りになっていました。

スタッフ研修についてはご紹介したとおり、挨拶から教えることになったわけですが、二日目の実際のお客様とのやりとりを見ていて、いろいろと腑に落ちるところがありました。

まず、二日目のブランドオーナーのいでたちに驚きました。お店のスタッフは黒いスーツに赤いベルト。オーナーさんは全身真っ黒なドレスを着ていたのです（ちなみに初日の研修の際は真っ赤をお召しでした）。私たち日本人の感覚からすると、販売する側の人間がドレスを着るなんてまず考えられません。お店の内観は床から壁からすべてが赤。というのも、赤は中国ではこの上なく縁起の良い色なのです。

日本人は「主役はお客様」と考え、自分たちはなるべく目立たない恰好を選びます。百貨店であれば制服であったり、店長やチーフクラスでも、ごくオーソドックスなネイビーや黒、ベージュなどのスーツでしょう。けれど彼らは違います。華やかな赤い空間。きらびやかなドレスで出迎える女主人。むしろめでたく華やかな姿で出迎えることが、彼らにとってはおもてなしなのです。

販売員の立ち居振る舞いについてもそうです。頭を下げない、ひざまずいて接客しない。それでもクレームにならないのは、そもそもそんなことをする習慣がないからです。お客様も「習慣にないこと」をしてほしいとは思わないのでしょう。その一方で、中には来店するなり「私はお金持ちなのよ！この店の靴を何足も持っているのよ！」と高らかに宣言した方もいらっしゃいました。これにはさすがに中国人スタッフも笑っていましたが、お金持ちはお金持ちらしくアピールする、というのも彼らなりの価値観なのかもしれません。お客様も販売スタッフも、日本とは大きく違うなあと実感したものです。

いい・悪い、という話ではありません。それほどカルチャーが違うのです。それと同時に、彼らの様子を見ていると昔の日本のようだな、とも思いました。

今、アジアの各方面から日本に観光客がやってきて、すぐれた日本の製品を『爆買い』して帰ってゆく。その様子を眉をひそめて見ている人もいらっしゃるでしょう。けれど、少し前までの日本人もそうだったのです。パックツアーでぞろぞろと押し寄せ、マナーも知らず、ブランド品を買い漁《あさ》る…そんな日本人観光客は、冷ややかな目で見られていた時代がありました。

中国がまったく日本と同じ道筋で発展するとは限りません。ですが猛スピードで経済発展を続け、靴についても貪欲に学ぼうとする姿勢がそこにはありました。

ちなみにそのブランドからは、翌年以降もセールスマネジメントで協力してもらえないかというお申し出をいただいたのですが、私にはどうしても、日本人女性の足と靴を何とかするほうが先だとしか思えなかったので、あのとき以来あのお店には行っていません。

断捨離とファッション

終活なんていうつもりもありませんが、昨年、思い切って断捨離を敢行しました。販売員時代に着ていたパンツスーツが、みんなとってあったんです。実は体のサイズはまったく変わっていないので、今でも着られるんです。が、男性もノーネクタイが珍しくない時代。今も仕事はしていますが、上下お揃いのかっちりとしたパンツスーツで人前に出る機会も、そうそうないだろうなと思っての英断です。

出してみたら、あるわあるわ。全部で60着もありました。売り場で着用するスーツは、いわば戦闘服。着やすくて動きやすくて、すっきりキレイに見えるパンツスーツ。お気に入りの型は色違いで揃えたものもありました。

さて、当たり前ではありますが、ものは「買うときには高く・売るときには安い」

のがセオリーです。買った時何万もした服でも、中古は中古。60着のスーツと、履かなくなったパンプスやら、中には一度も履いていないロングブーツまで！業者さんに引き取ってもらったら、全部でいくらだったと思いますか？1万円ですよ！　ただ、私はその値段を嘆いているわけではありません。自分で処分することを考えたら、むしろそんなもんでしょ、と思います。ここで言えることは、買った時何万もした靴でも、売る段になると二束三文だということ。一足十数万円する有名ブランドの最新モデルの靴。ファッションに敏感な人たちの集まりに履いて出かけたら、それはそれは注目の的でしょう。しかし、翌年同じものを履いていけば、目ざとい人には「あの人、去年のモデル履いてるわ」と見抜かれてしまいます。そんな風に言われないように、つねに最新ファッションを身に着けるには、いつでも最新のデザインを購入するか、どこにもない、唯一無二のスペシャルエディションを（もちろんとんでもなく高価です）手に入れるか。一流ファッションを身に着けるというのは、そういうことなのだと思います。

もちろん、そういうマーケットに対応できているお客様もいらっしゃいます。しかし、ほとんどの方の購買傾向は違います。最初の章でお話した通り、高いから買うというブランド信仰、ブランド品を所有することの満足感は、いまや薄れています。かといって、オシャレはしたい、という本音もあります。

『フランス人は10着しか服を持たない』（大和書房）という本が話題になりました。今は一流ブランドの最新モデルを追いかけたり、服や靴をたくさん持つ時代ではないのかもしれません。その上お金はかけられない。だから「そこそこオシャレ」で「そこそこ安い」ファストファッションが流行るのでしょう。

流行が過ぎたら。飽きてしまったら。短期間で履きつぶして捨ててゆく、使い捨ての靴。断捨離の末に手元に残す、あるいは新たに手に入れる靴がそんな『使い捨て』ではいけません。断捨離するということは、「今の自分に」「本当に必要なもの」は何かを見極めること。やってみるとわかりますが、断捨離すると本当に、心身ともにすっきりします。生き方も、考え方もシンプルになります。そこで、もうひとつ、賢くなっていただきたいなと思うのは、「今のあなたにとって必要なのは、使い捨ての靴ではありませんよ」、ということです。

安い靴は、買いやすいです。なので、深く考えずに買っても、後悔は小さいでしょう。処分する踏ん切りもつきやすい。だから、ついつい買ってしまって、気が付けばまたモノの山。これでは断捨離の意味はありません。それよりも、多少の試行錯誤はあったにせよ、本当に足に合う靴を吟味して手に入れること。お金はかかっても、手入れしたり、プロに調整してもらったりして「履きやすい靴」に育てていく、履き続ける。少ない靴で着回しができるようになるには、本当に上質で洗練されたデザインを選ぶ。それこそがおしゃれ上級者といえるのでしょう。

もう一度、ご自宅のシューズクローゼットを見渡してみてください。もう何年も履いていない靴はありませんか？　気に入っているけれど、履くと痛い思いをする靴はありませんか？　本当に自分に必要な靴って、どんな靴だろう。やみくもな倹約をするより、よっぽど賢くて節約になるかもしれませんよ。

今の私にできることってなんだろう

この本をまとめる作業をしていて、ふと迷ったことがあります。

「店頭に立たなくなって、もう何年も経っている」

「靴をとりまく状況は、私の時代とは違う」

そんな私が自分の経験を今の人たちにシェアしても、役に立たないのではないかと思ったのです。しかし、一方でこうも考えました。

「人が靴を履いて生活することに変わりはない」

「靴の重要性にも変わりはない」

人生１００年時代。靴と健康の関わり合いの大切さは、ますます注目されてゆくはずです。

私も高齢者の仲間入りを果たしましたが、憧れるのは「ピンピン、コロリ」。つまり、元気に暮らして、最期は長患いすることなくコロリと死にたい、ということです。

これは多くの高齢者が思っていることではないでしょうか。

それには元気に歩けなくてはいけません。人間も動物です。動物は「食べられなくなったら」「立てなくなったら」「歩けなくなったら」、死期が近いといわれます。

逆もまた真なりですから、元気でいるためには「食べられる」「立てる」「歩ける」が大切だということです。

こう考えてくると、今一番、靴について知りたがっているのは中高年世代の方々なのかも、と思うようになりました。

子育て世代は、我が子に何を履かせたらいいかを知りたいはずです。子どもの成長を助け、運動神経を伸ばしてくれる靴がほしい。それは『かけっこが速くなる靴』が大ヒットしたのを見てもわかりますよね。

同様に、中高年世代は老親の面倒を見る世代でもあります。どんなに元気な人でも、歳を取れば体は衰えてゆきます。しかし、子ども世代は働きざかり。四六時中親と一緒には居られません。中には遠い土地で別居しているご家族もいるでしょう。

そんな親に、どんな靴を履いてもらえば安心なのか。いつまでも健康的に若々しく、活動的に歩いてもらえるのか。親のためにどんな靴を用意してあげたらいいのか、知りたい方もたくさんいらっしゃることと思うのです。

私は今、コンフォートシューズとフットケアの草分け、バン産商という会社で接客マナーについて教える仕事をしています。詳しくご説明すると、バン産商の設立した『フスウントシュー インスティテュート』という学校の足と靴のプロを育成するセミナー研修の一部として「接客マナーを学ぶ」講座の講師を年9回させていただいているのです。受講者は整形外科や皮膚科のお医者様をはじめ、看護師の方や、接骨院・作業療法士・技師装具リフレクソロジー・介護士・ネイリストなど。靴販売員以外の、実に多彩な人々が受けに来られるのです。ここでの私の授業では、接客時のマナーや心構え、またシューフィッターとして学んだ靴の合わせ方などを伝えています。私の話を聞いてシューフィッターの資格を取りたいと申し出る生徒さんもいらっしゃいます。そんなときはＦＨＡにご紹介をしますし、逆にシューフィッターの方が「さらに専門的に足について学びたい」とフスウントシュー インスティテュートに参加されるケースも増えています。フスウントシュー インスティテュートとＦＨＡ。その架け橋としての活動は、いわば私のキャリアの集大成ともいえるでしょう。

ちなみにバン産商では、病院から委託を請けて入院患者さんの爪を切るなど足のケアもしています。もちろん一般のお客様の足のケア、最適な靴選びのお手伝いもしています。このような企業の存在が、もっともっと広く知られるようになるといいのに、と思うのです。敬老の日に、あるいは親の誕生日に。元気に歩ける靴と足のケアをプレゼントする。もちろん、ご自身が履く靴を探すのもよいでしょう。

美しくファッショナブルな靴を並べてお客様を出迎える靴売り場ももちろん素晴らしいですが、これからはかかりつけ医や整体・マッサージなどと同じように、足をケアするショップとのお付き合いが当たり前になればいいいと思っています。

●コラム

これからの靴店…学んだことを店づくりに活かす

日本人は自分の足を知らない、と前の章で書きました。それでいて「靴選びにいつも困る」「痛い思いをしたことがある」「自分に合う靴を知りたい」という人は本当に多いものです。実は誰もが、悩んでいる。誰もが、知りたがっている。それが靴です。

そして、自分の足の実情を知り、納得できる説明を受けて本当に満足できるお買い物ができるならば「靴なんて安いものを使い捨てにすればいい」「雑誌で見たオシャレな靴を通販で買えばいい」という価値観は変えられるはず、と私は信じています。

「お店でものが売れない」時代。靴のことならどんなことでも相談できて、同時に足のケアも受けられるような靴の店が誕生したら、どうでしょう？　動物は立てなくなったら終わり、などと言われます。歩行困難＝ロコモーティブシンドロームという言葉もすっかり定着して、それを恐れる高齢者に向けての、軟骨や膝関節に効くとされるサプリメント（コンドロイチンだとかコラーゲンだとか）は百花繚乱です。

それらを否定するつもりはまったくありませんが、そもそも、いつまでも元気に歩くためには靴が大切なんですよ、ということをもっと広く、知らしめる必要があります。靴のことを教えてくれて、自分に合った靴を「処方してもらえる」店があったら。そんな靴店こそが、これからの時代、生き残れるのではないかと思います。

人間、「学んだこと」には何ひとつ無駄はないと私は思っています。これは自分自身、職業人として経験してきたからこそ言えることでもあります。「学校で学んだこと」もそうですし、仕事を通して「お客様から学んだこと」だってそう。失敗の経験、成功体験、街で見かけたこと。結婚、就職、転職、子育てなどの人生経験。すべてがその人の人生の糧になります。

そして何度も言いますが、人は靴を履かずにはいられません。靴と生活、靴と人生を切り離すこともできません。

これを読んでいるあなたが靴の販売に携わっているのなら、「売り場」はそういう大切なものを扱っている場。あなたがこれまでに学んだことを思い切り、売り場づくりに活かせばいいと思います。

あなたが「自分に合う靴を探している」人なら、靴のプロの知恵や経験が活かされた、人の知恵が借りられる店（売り場）を、ぜひ探してみましょう。

私は若いころ、有楽町西武で学んだことを、成功も失敗も、池袋西武に活かそうと心に決めました。有楽町西武で体験したことがきっかけで、勉強もしました。フットケアのコーナーも作りました。周囲を説得して、スペシャリストとして自分の思うような売り場を作り上げるのは、決して楽な道ではありませんでした。それでも、百貨店の取締役から「これは百貨店の売り場じゃない。久保田さん、あなたの売り場だね」と声をかけていただいたとき、あふれる涙を抑えきれなかったことを覚えています。

「あなたは若いころ活躍したんでしょ」、と思われるかもしれません。確かに私の経験は誰にでもできることではないかもしれない。けれど、一つひとつ、学ぶこと。学んだことを必ず、翌日の接客や、店づくりに反映させること。これを丹念に続けていけば、必ず何かは変わります。

「自分はバイトだから、そんな権限はない」とか「うちの店にそんな予算はない」とか。そう思われるかもしれません。でも、できない理由なんて、誰だって、いくつだって列挙できるのです。まずはお客様に喜ばれることをひとつでいいから、探してみる。そこから、あなたの売り場づくりをスタートしてみませんか。

おわりに

2020年に再び、東京でオリンピック・パラリンピックが開催されます。私の社会人としてのスタートは1965年でした。1964年の東京オリンピック開催時は高校三年生。すでに西武百貨店への就職が決まっていました。入社以来半世紀（50年）という長い期間、百貨店の仕事を続けてきました。入社当初は食品売り場を担当していましたが、1973年から婦人靴の売り場を担当することに。そこから人生を変えるような様々な経験を重ねてまいりました。

この本は、そうして積み重ねてきた経験の集大成です。後輩たちや、靴をもっと知りたいと考えてくださる方々のヒントになってくれたらとの願いを込めて上梓いたしました。

靴を販売するために必要な商品知識や技術を、私はずっと学び続けてきました。知れば知るほど奥が深く、ひとつ分かれば次が知りたくなるという具合です。足の仕組み、歩行のメカニズム、健康を維持しつつ生涯歩き続けるために欠かせないもの。それが靴なのです。

靴の奥深い魅力に加え、私にとって幸せだったのは百貨店での販売という仕事が素晴らしく人の役に立てるものであったということでしょう。自分の工夫次第、裁量次第でさまざまな成果が上げられる、私の天職だったと思っています。その充実ぶりの一端だけでも、伝われば望外の喜びです。

「物を売る」ためには、その商品を深く理解し学び、そして愛することが大切でした。作り手（職人さん）の気持ちや思いを、使い手（お客様）に正しくお伝えすることの素晴らしさと難しさ。多くの方に喜んでいただける接客を目指し、その中で商品の価値を高めるにはどうしたらよいのか、考え続けてきました。経験に基づいたアドバイスや豊富な商品知識を情報として、商品に添えて販売すること。それこそがプロの販売員の真骨頂なのです。

やがて私のキャリアは、販売員から靴販売員の教育担当へと変わってゆきました。そのきっかけになったのが、シューフィッターの資格を身につけたことでした。

日本人女性初のシューフィッターとして女性のお客様の足を知ることから始まり、孫の誕生をきっかけに子ども靴の講座（幼児子ども専門コース）でも学びました。自分自身がシニアと言われる年代になり、シニア専門コースも受講。高齢者の歩行や、視界、聴覚の変化を体験するなどの経験も重ねてきました。

そして現在も、足と靴と健康協議会（ＦＨＡ）のバチェラー（上級）コース講師を務めさせていただいております。

いくつかあった転機のうち、もっともショッキングだったのは有楽町西武に赴任した際の経験でしょう。それをきっかけにドイツのフスフレーガー（フットケア）の技術について学ぶ決意をしたのです。これからの時代、健康な足で歩き続けるために、足のケアは必要不可欠だからです。

すべては、お客様のために。私が学び続けられたモチベーションのもとは、その一心でした。そうして学んだ結果が経験を呼び、現在の仕事にまでつながっていると思っております。

１９９５年、バン産商（株）のフスウントシューインスティテュートの遠藤社長ご夫妻との出会いも忘れてはなりません。ここで本格的なフットケアへの扉が開かれ、のちに池袋西武、渋谷西武、横浜そごうなどのフットケアルームが開設されるきっかけとなりました。お客様の足の健康と靴選びのための情報基地として、今もお客様にご支持いただけていることと思います。

本文内にも書きましたが、この本を作成するに至って、何度か心の葛藤がありました。世代間のギャップもありますし、経済情勢も変遷しています。果たしてお役に立てるかどうか…。単なる「昔語り」になってしまわないか。それでも、私の経験が少しでも、今販売の仕事についている方々のヒントになれば。時代がどのように変化しようとも、お客様のお役に立つために学ぶべきことはたくさんあります。「靴を選ぶ」という大切な行為には、ぜひ人の手を添えて。豊富な知識を武器に、誠意を込めて接客すれば、必ずお客様は信頼してくださいます。そうした学びや経験から、安心して信頼される販売員が一人でも多く誕生することを祈ります。

平成の時代もいよいよ終わりを迎えます。

私の仕事人生もそろそろ幕引きの時が近づいているのですが、百貨店に入社した１９６５年から今日までの時代を振り返ってみれば、なんと楽しい仕事人生だったか……。

高度成長期の時代は、何を店頭に並べてもどんどん売れてしまいました。毎日面白いように売り上げは伸び、売り場も広がりました。売り場どころか、店舗自体もどんどん日本中に出店をしていきました。

教育を担当していた2000年代当時は北海道から徳島までに30店舗以上のそごう・西武がありました。そのすべての店舗に指導に向かった日々が懐かしく思い出されます。一週間も出張が続き、店舗から店舗の移動をしたのも昨日のことのようです。残念なことに現在では店舗数も半分以下になってしまったのですが。

今は本当に物が売れない時代。特に「百貨店」が直面している状況は深刻です。それでもやはり、百貨店に来られるお客様の期待は「親切丁寧な接客」にあるのです。接客業はどんな時代の移り変わりがあろうとも無くなることはないでしょう。販売業を仕事に選んだすべての方々は、プロとしての自信と誇りをもって学び続けてほしいと思います。そして私自身も、次の東京オリンピックを健康で迎えられることを期待し、仕事も続けていられることを願ってやみません。

久保田美智子（くぼたみちこ）
1965年西武百貨店入社。73年池袋店で婦人靴売り場に配属されると、その卓越した接客力が評価されセールエキスパート及びマネージメント職に就く。1985年には女性初のシューフィッター（FHA認定）に。さらに、上級資格であるバチェラー・オブ・シューフィッティング、フス・フレーガー（ドイツのフットケア資格）を取得。百貨店初のフットケアルームもオープンさせる。2003年退社後は「販売員が楽しい売り場こそお客様も心地良い」の信念の下、靴売り場の販売員教育や講演を中心に活動。
著書に『お客さまの「ありがとう」が聞きたくて』『お客様を虜にする「3つの満足」』がある。
足と靴と健康協議会（FHA） http://www.fha.gr.jp/

お客様を幸せにする「靴売り場」

2018年8月7日　初版発行

著者　久保田美智子
発行　株式会社 キクロス出版
〒112-0012　東京都文京区大塚6-37-17-401
TEL.03-3945-4148　FAX.03-3945-4149
発売　株式会社 星雲社
〒112-0005　東京都文京区水道1-3-30
TEL.03-3868-3275　FAX.03-3868-6588

印刷・製本　株式会社 厚徳社

プロデューサー　山口晴之　エディター　浅野裕見子　デザイン　山家ハルミ

ISBN978-4-434-24974-7 C0077

一般社団法人 **足と靴と健康協議会** 編

四六判並製・本文160頁／本体1,400円（税別）

●**第一章**

靴選びが変わる！知らないと損をする「シューフィッター」

シューフィッターの資格

シューフィッターはドクター？

靴と健康のつながり

どんな靴を選ぶのが「理想」なの？

正しい歩き方、できてますか？

あおり歩行とミルキングアクション

シューフィッターを上手に「使う」には

●**第二章**

痛くない、歩きやすい、美しいを叶える婦人靴選び

婦人靴の特徴を知る

日本女性の歩き方

足指を使わないと巻き爪になる

では、どんな靴を選べばいいの？

シューフィッターと上手に付き合うには

日本茶インストラクター・東京繁田園茶舗 本店店長

繁田聡子（はんだ　さとこ）

四六判並製・本文136頁／本体1,400円（税別）

日本茶インストラクターの二期生として、様々な経験を積むことにより、日本茶の魅力と奥深さに心惹かれるようになっていきました。日本茶の持つ素晴らしさを、多くの方々に少しでもお伝えできればと願っています。本書では「お茶のおいしい淹れ方」や「日本茶にまつわる色々な話」を書いていますが、どうぞご自分なりのお茶との素敵なつき合い方を見つけて下さい。あなた流の楽しみ方に、日本茶はきっと十分に応えてくれるはずです。

（はじめにより）